ÉMILE-BAYARD

L'ART DE RECONNAITRE LES STYLES

LES STYLES
FLAMAND
ET
HOLLANDAIS

PARIS
LIBRAIRIE GARNIER FRÈRES

L'ART DE RECONNAITRE LES STYLES

—

LES STYLES

FLAMAND

ET

HOLLANDAIS

OUVRAGES DU MÊME AUTEUR

En vente à la Librairie GARNIER FRÈRES

La Beauté chez soi, en soi, sur soi. Conseils esthétiques relatifs au mobilier, au costume, au geste, etc.
Les Grands Maîtres de l'Art.
L'Art de reconnaître les Styles.   (54e mille).
Le Style Renaissance.   (15e mille).
Le Style Louis XIII.   (26e mille).
Le Style Louis XIV.   (30e mille).
Les Styles Régence et Louis XV.   (31e mille).
Le Style Louis XVI.   (33e mille).
Le Style Empire.   (33e mille).
Le Style moderne.   (18e mille).
Le Style anglais.   (9e mille).

ÉMILE-BAYARD

Inspecteur au Ministère des Beaux-Arts.
Secrétaire de la Commission de l'Enseignement
du Comité central technique des Arts appliqués.

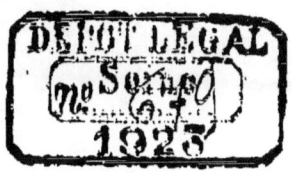

L'ART DE RECONNAITRE LES STYLES

LES STYLES
FLAMAND
ET
HOLLANDAIS

OUVRAGE ORNÉ DE 110 GRAVURES

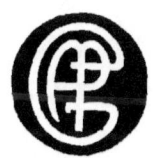

PARIS
LIBRAIRIE GARNIER FRÈRES
6, RUE DES SAINTS-PÈRES, 6

1923

En toute sympathie cordiale

à Monsieur Émile BULOZ.

E.-B.

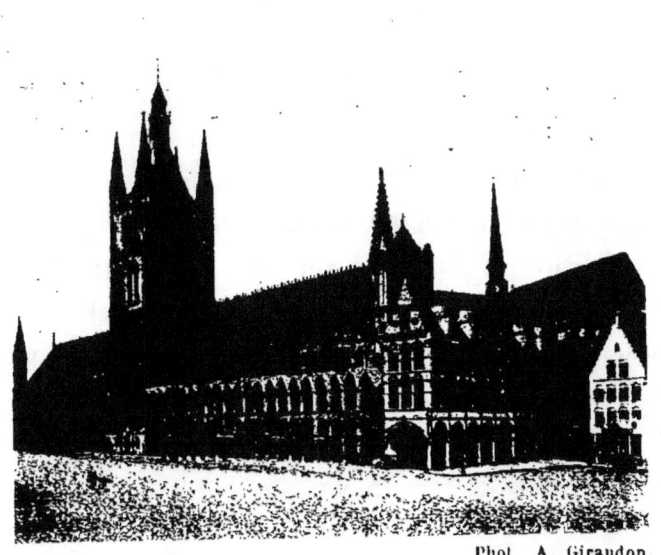

Halle au drap, d'Ypres. (Art flamand.)

CHAPITRE PREMIER

Considérations générales sur l'Art en Flandre et dans les Pays-Bas.

On eût été en droit de supposer que la dépendance continuelle où la Belgique fut des autres pays (jusqu'en 1830, époque où les provinces belges se révoltèrent contre le gouvernement hollandais et se constituèrent en État libre sous le nom de royaume de Belgique) aurait amorti son esprit et son caractère dans le futur. Aussi bien pouvait-on croire que le morcellement du sol flamand, dans le passé, eût contredit au bloc d'une personnalité artistique.

Il n'en est rien ; et la Belgique règne esthétiquement encore sur les Flandres agrégées, tout autant que la gloire de Rubens lui revient en propre et malgré qu'il ne faille pas oublier que la maison de Bourgogne introduisit en Flandre la civilisation française sous les auspices de son art, de sa littérature et de ses modes.

Mais, d'avoir subi notre influence et d'avoir autrefois appartenu aux Espagnols, de confiner à l'Allemagne, d'avoir vu naguère sa frontière ensanglantée par les luttes de l'Espagne et de la France et son sol foulé par le terrible Marlborough, il ne s'ensuit pas non plus que l'originalité de la Flandre devait évaporer son parfum faute d'avoir pu le concentrer.

Point davantage la domination de la langue française, à laquelle Bruxelles demeura toujours fidèle, n'attente à la caractéristique d'une Belgique qui, dès les premiers temps de sa liberté, donna la sensation d'une société puissante et sûre d'elle-même.

Qu'importe que le doux Memling, originaire de la principauté de Mayence, ait accompagné Charles le Téméraire à Nancy, ou bien, comme on le présuma encore, qu'il ait suivi son maître Rogier (?) en Italie ! Que ce peintre ailé soit mort en Espagne, à la Chartreuse de Miraflorès plutôt qu'à Bruges, comme il est vrai, il n'en demeure pas moins, en dépit de la biographie erronée de Descamps, que Memling ne saurait être séparé du pur idéal flamand divinement transfiguré d'après la vérité humaine.

La Grèce a hésité entre les douze patries d'Homère; la Belgique et l'Allemagne revendiquent Rubens parmi leurs illustres enfants. Mais si Rubens, natif de Siegen, n'est point Flamand d'origine, qui donc oserait contester à ce génie son émanation essentiellement flamande?

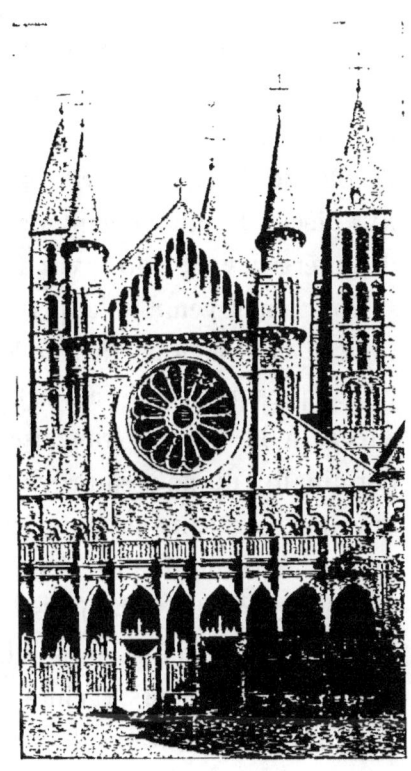

Fig. 2. Cathédrale de Tournay.
(Art flamand.)

Pays si remué, à la fois si neuf et si ancien, la Belgique, malgré ses frontières étroites, demeure un grand peuple où communient les beautés flamandes dans un passé de gloire artistique dont le présent s'est attaché à justifier les espoirs. Il apparaît que l'exiguïté du sol belge relève de la condensation de son génie dispersé. Ce n'est pas sans raison, d'ailleurs, que l'on a appelé la Belgique l'*Italie du Nord*, car l'opulente cité de Bruges occupe dans l'histoire des arts une place analogue à celle de Florence, et l'école de Bruges ouvrit, avec les Van Eyck, au xve siècle, le mouvement de la Peinture que l'école d'Anvers devait clore avec Rubens, au xviie siècle.

Pour en revenir à la personnalité flamande cristallisée en Belgique (à qui le pays flamand appartient presque tout entier), on a cherché noise encore à la langue française, soi-disant obstacle à l'originalité du nouveau royaume de Belgique, tandis que le vieux sang flamand eût été seul capable de fonder cette originalité. Les deux provinces, orientale et occidentale, dont les chefs-lieux furent Gand et Bruges autrefois, ces Flandres réputées pour avoir conservé leurs racines dans le commerce des anciennes corporations flamandes où fleurirent, au xive siècle, les premiers exemples de la liberté démocratique, ont fondu, en vérité, leurs traditions dans le même creuset que Namur, Liége et le Limbourg (partagé avec la Hollande) chez qui, inévitablement, les flots de la Meuse entretenaient les productions et l'esprit de la France.

Pourtant, l'objection de la langue flamande

opposée à la langue wallonne ou française, au nom de l'originalité ancestrale, ne saurait sérieusement entamer le bloc d'originalité que les provinces flamandes ont résolu, non seulement historiquement, mais encore artistiquement. Une littérature respective consacre les deux langues dans une même pensée, — l'union fait la force, — et, au point de vue pittoresque, auditif si l'on veut, elles empruntent volontiers verbalement l'une à l'autre; soit! mais encore des termes, un accent, des intonations, confinent à un français « original » dont l'auteur belge du *Mariage de Mademoiselle Beulemans* a exprimé, caricaturalement mais avec une fine observation, la caractéristique.

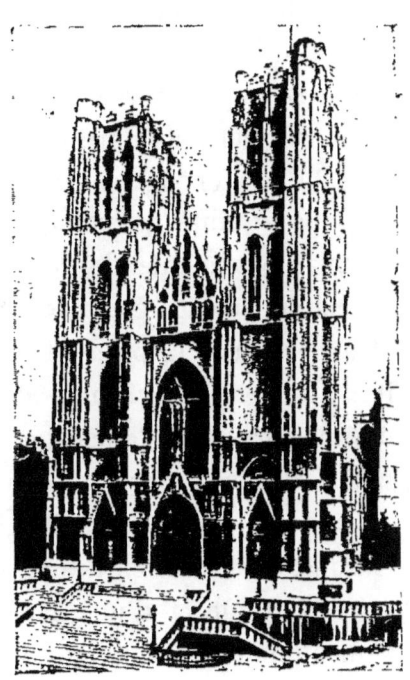

Fig. 3. Église Sainte-Gudule, à Bruxelles. (*Art flamand.*)

Et, en littérature, la sensibilité d'un Georges Rodenbach, le symbolisme d'un Émile Verhaeren, la profondeur d'un Maurice Maeterlinck ne relèvent-ils point du sol natal, malgré leur pure énonciation française ?

La Belgique, berceau de la maison d'Autriche, s'honore donc, aujourd'hui, d'une unité esthétique où collaborèrent les goûts espagnol et français, avec quelque atteinte germanique de voisinage. Quant à la qualité générale de cette originalité esthétique, il semble qu'elle résulte du fait même des apports étrangers qui l'inspirèrent ; elle est plus nourrie, et il n'y a guère que vis-à-vis des Pays-Bas, en matière de peinture, que l'ancienne communauté des deux sols porte une empreinte délicate à distinguer.

On a prétendu que la Belgique « n'avait point en Europe, et surtout en France (?), la réputation d'une terre poétique et d'une nation spirituelle, le mouvement matériel semblant y tout absorber ». Dans cette voie de l'errement, comment résister à transcrire les notes d'un voyageur, au milieu du XIXe siècle ! « Le brouillard qui pèse sur tout le pays (la Belgique), qui accable les habitants, et qui les force à prendre cinq repas par jour *(sic)*, n'est point propre à laisser aux imaginations un essor bien vigoureux ; enfin l'étroitesse des limites et l'insuffisance des ressources détruisent l'émulation et mettent obstacle aux

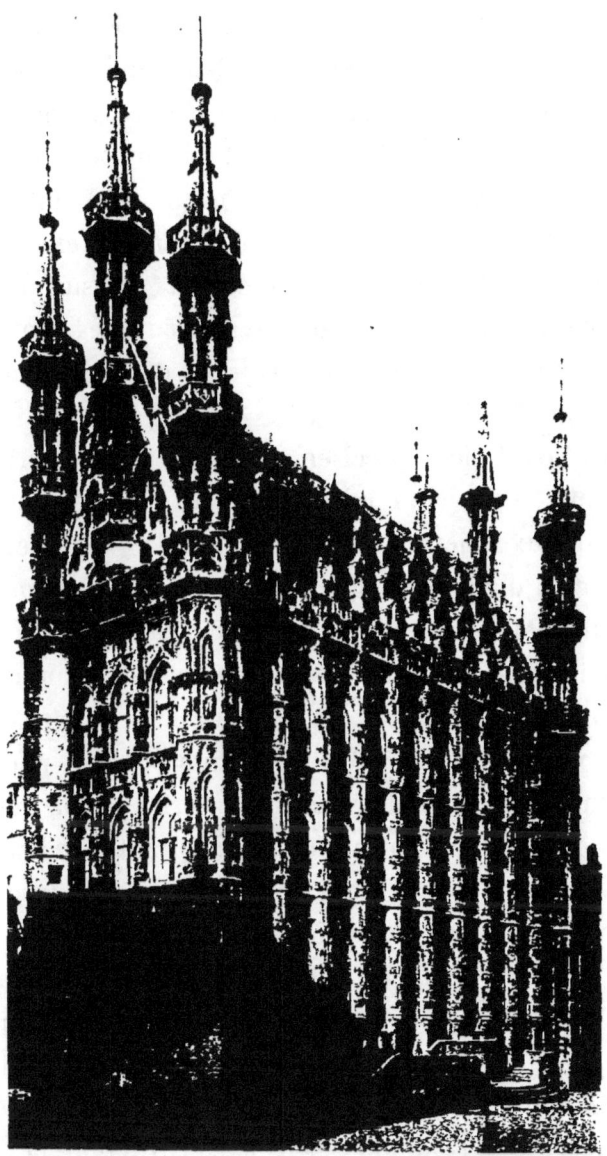

Fig. 4. Hôtel de ville de Louvain. *(Art flamand.)*
Phot. A. Giraudon.

grands desseins. Toutes ces raisons et une foule d'autres font considérer la Belgique comme une sorte de corridor banal entre la France, l'Angleterre et l'Allemagne, et l'on est très peu disposé à croire qu'on y trouvera la matière d'un puissant intérêt. » Cependant, concède notre déconcertant excursionniste, « toute décolorée que soit sa surface, la Belgique présente, dans ses frontières bornées, un grand nombre de sujets d'admiration et d'études... »

Et c'est ici, précisément, que notre curiosité aboutit, à travers l'opinion abusée, à l'étude des très nombreux sujets d'admiration que la Belgique conserve en digne héritage du sol et de la race flamande unifiés. Mais, avant d'approfondir ces beautés, nous admirerons, élancée dans le ciel de la Flandre, la flèche symbolique de sa cathédrale.

Pour diversifier les peuples, sinon dans leur critérium idéal du moins dans leur orientation morale caractéristique, rien n'intervient autant que leur foi différente. Cela au sens purement artistique et en dehors de toute confession.

Les mœurs et goûts influent sur l'édifice culminant des villes. En général, une ville européenne se nomme d'abord de loin au regard par un monument central, surplombant, qui, à mesure que l'on approche, représente et résume l'esprit de construction, la physionomie expressive des habitants, leur religion. Et, le plus souvent, la grandeur esthétique de l'Europe se réfère au symbole de la cathédrale, à la foi catholique, au point que Chateaubriand a pu dire que le pro-

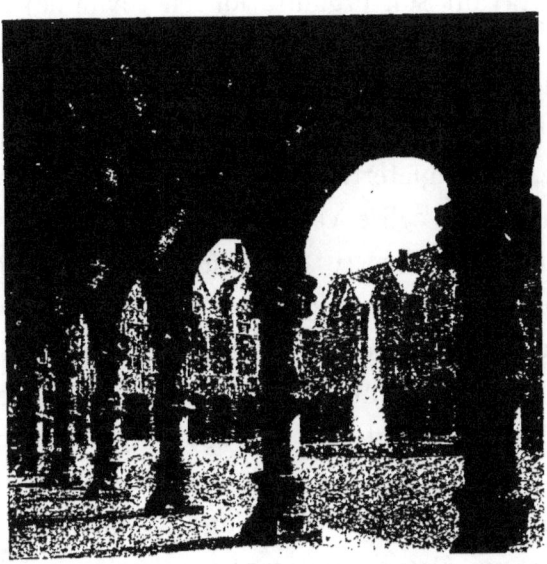

Ph. LL.
Fig. 5. Cour et galerie du Palais de Justice de Liége. (Art flamand.)

testantisme est une religion mortelle pour les arts !...

C'est aux pieds de la Vierge que le doux moine de Fiesole se jette avant de peindre ses délicieuses madones et, à l'en croire, c'est par un chef-d'œuvre que le farouche Benvenuto absoudra chacun de ses crimes aux pieds du confesseur...

Pourtant, à ce compte, les artistes grecs ne seraient

que des païens, alors que leurs chefs-d'œuvre sont divins !

Toujours est-il que si l'on ne peut guère apprécier la valeur esthétique des églises construites en Hollande (avant son organisation en royaume) sous le joug de l'Espagne catholique, par des artistes flamands ou français, généralement, parce qu'elles furent dépouillées de leurs ornements sous la Réforme, en Angleterre, — un pays protestant encore, — l'ancienne église catholique, fréquemment érigée par des Français, se distingue artistiquement des monuments voués aux autres cultes.

D'ailleurs, les scènes religieuses n'ont guère inspiré davantage la peinture hollandaise que la palette anglaise, à l'encontre de la Flandre qui leur doit des chefs-d'œuvre, et, si l'architecture et la sculpture (surtout) n'assument pas, dans la patrie de Rembrandt, un rôle prépondérant (en Angleterre, l'anglicanisme répudia la grande peinture murale décorative et la statuaire, de même que la peinture et la sculpture avaient été proscrites par l'Allemagne luthérienne comme un luxe païen, au xvie siècle), c'est que la faveur des Hollandais pour le foyer familial, autant que leur prédilection pour la vie civile, n'a guère influencé idéalement la construction, même celle de l'hôtel de ville qui n'atteint point, en tout cas, à la beauté de celui des Flamands.

On pourrait, cependant, trouver dans la foi religieuse des Hollandais (adoptée après leur affranchis-

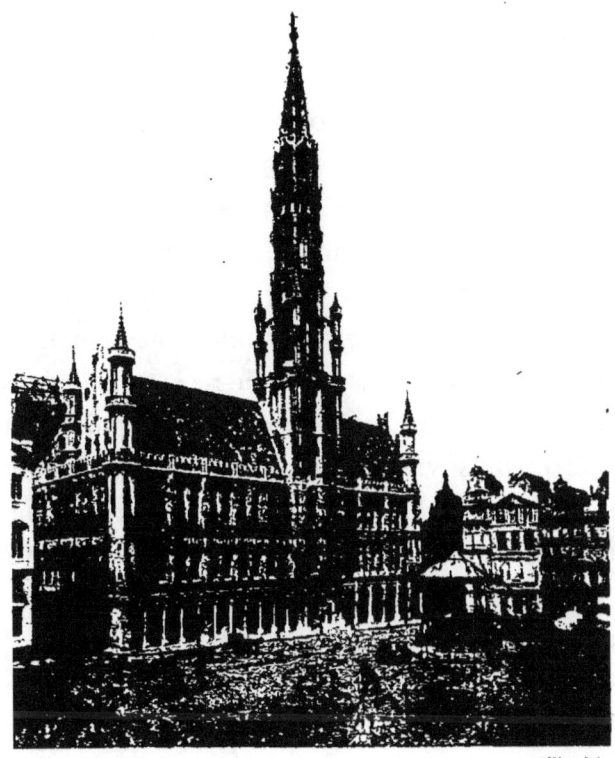

Fig. 6. Hôtel de ville de Bruxelles et Grand'Place.
(Art flamand.)

sement de la domination espagnole) l'écho de sa propre excellence : elle inaugura, n'en déplaise à l'auteur du *Génie du christianisme*, un art protestant. Rembrandt croyait ardemment en Luther. « C'était pour lui un réformateur comme Mahomet, Jésus-Christ et Moïse. Il pensait que le catholicisme, par ses pompes et ses voluptés, n'était qu'une autre mythologie. Dieu, l'image invisible, était caché par les images des saints... »

Et l'on remarque encore que, comme nation, la Hollande naquit de la Réforme à cause des persécutions de Philippe II qui, ayant mis en œuvre l'inquisition, perdit non seulement la foi catholique, mais encore la Hollande... La liberté enfante des prodiges quand elle est fécondée par l'amour de la patrie.

Or, cette liberté dans la patrie reconquise s'appuie, en Hollande, sur un génie de réalisation plus humain peut-être, plus vraisemblable mais moins poétique que celui de la Flandre pour toute expression, si l'on veut, surnaturelle. C'est ainsi que s'expliquent les raisons de la peinture hollandaise scrupuleusement vraie et strictement attachée à célébrer la vie avec une passion intensément originale.

De telle sorte que la vision éthérée, extatique, de la Flandre, qui la jette aux pieds de Dieu, n'est point supérieure à celle de la Hollande sincèrement bornée à l'amour de la nature, chef-d'œuvre de Dieu. Il n'empêche que la supériorité, en général, de la Flandre sur la Hollande — dont le passé artistique ne remonte guère qu'au XVIIe siècle et pour la peinture seulement — nous dispensera d'ajouter que la Flandre peut autant se glorifier de la beauté de ses hôtels de ville, de son beffroi, de ses halles, que de celle de ses cathédrales où toutes les formes matérielles et

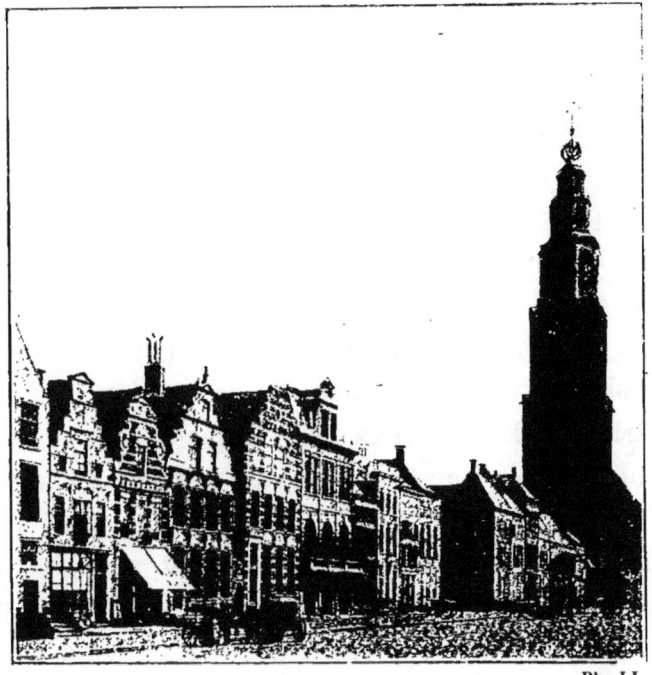

Fig. 7. Place du grand marché et Tour de Groningue.
(Art hollandais.)

extérieures de la dévotion favorisèrent l'image, tant pour l'exaltation de l'édifice que pour celle du vitrail, de la sculpture et de la musique.

Même, en Belgique surtout, l'église partage volontiers sa primauté avec l'hôtel de ville lorsque ce dernier ne l'éclipse pas. Car ce monument, d'égal pacifisme et moins âgé de plusieurs siècles, dépasse fréquemment le clocher de l'église comme pour lui disputer son ombre.

C'est Ypres, Bruges, Louvain (fig. 4), érigeant fièrement leurs dentelles de pierre au-dessus de la cathédrale. C'est l'organe officiel de la cité représenté par le beffroi gigantesque qui éveille le matin, invite au repos le soir et convie aux solennités nationales, luttant de hauteur et d'intérêt avec le temple de la prière.

Il y a, a-t-on remarqué, dans ce simple mouvement architectural, tout un symbole de la mission civilisatrice que les provinces belges eurent à remplir avec tant de courage au temps de leur première splendeur. L'église et l'hôtel de ville représentent et résument leur foi et leur histoire. Ils figurent ensemble la devise : « Dieu et Liberté. » Si l'église est le signe de l'antique affranchissement élevé par le monde moderne au sortir des ruines du paganisme, l'hôtel de ville, dont chaque pierre a coûté tant d'or et de sang à nos pères, est le tabernacle civil, le château fort de la loi, prélude de l'affranchissement moderne élevé par le peuple au sortir des ruines de la féodalité.

N'oublions pas, d'autre part, que l'hôtel de ville, autrefois, était un drapeau : la citadelle disputée dont la possession assurait la victoire. De telle sorte que si l'église personnifiait la maison de Dieu, l'hôtel de ville signifiait la patrie; d'où le noble souci d'exalter

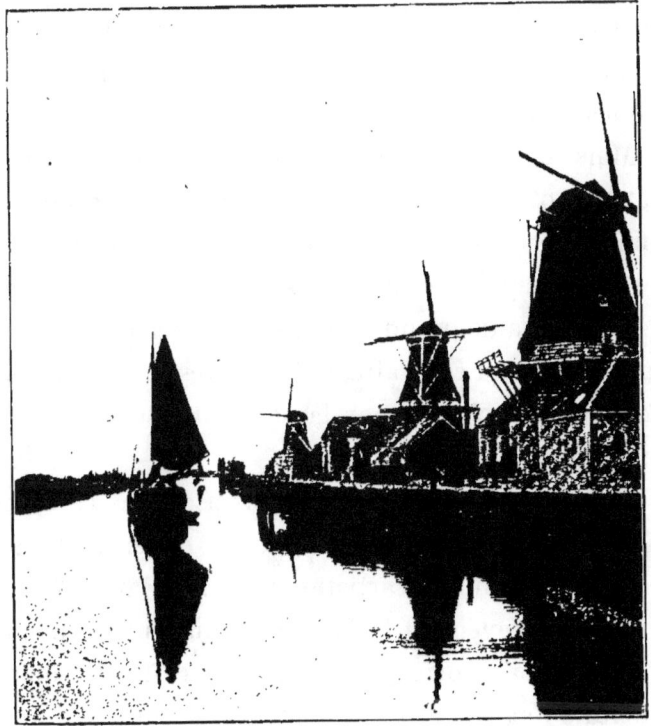

Fig. 8. Moulins sur le canal de Harlingen (Hollande).

par l'art ces édifices comme on brode un étendard, comme on fleurit un autel.

Nous verrons même, au chapitre de l'architecture, les riches bourgeois flamands attacher plus de prix à la puissance de la commune qu'à la foi religieuse, d'où l'inachèvement de plusieurs cathédrales lors de l'évolution représentée par l'avènement de l'art ogival. Et, en France comme en Allemagne, l'émancipation du sentiment laïque vis-à-vis de l'église, commence à se dégager pour des résultats esthétiques analogues, au même temps.

Mais toutefois, alors que l'art religieux est entravé par le protestantisme, en Hollande « où la forme républicaine prévaut en politique », et que « la peinture se fait municipale et bourgeoise », la Belgique catholique, liée aux grandes maisons princières de l'Europe, flatte, au contraire, à l'envi, l'essor de la beauté décorative réclamée par la solennité du culte et la magnificence des palais.

Et ne voilà t-il pas que se précise dans ce besoin d'éclat général, dans cette large dépense de joie visuelle, l'avantage artistique de la Flandre?

Pour en revenir à la Hollande, qui dut un instant s'effacer sous notre plume devant la Flandre monumentale et plus unanimement décorative, nous goûterons plus loin la gloire compensatrice de ses peintres sous un ciel supérieurement original. Ce *pays bas*, hérissé de moulins à vent, coupé de nombreux canaux et de digues pour l'agrément factice d'un sol plat diversifié, séduira notre mémoire où s'évoque, parmi la placidité rêveuse d'un paysage calme de Ruysdaël ou d'Hobbema, l'éclat de rire d'un Brauwer ou d'un Van Ostade au sortir du cabaret. A moins encore que ne jaillisse, d'un effet de clair-obscur, l'image lumineuse et frappante d'un Van Rijn.

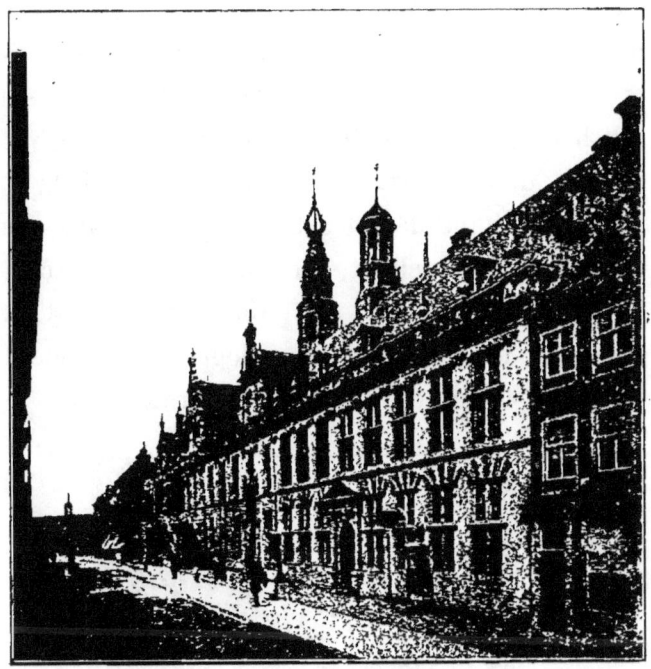

Ph. LL.
Fig. 9. Hôtel de ville de Leyde. *(Art hollandais.)*

A la ligne verticale des jets de pierre flamands sur la nue, s'oppose le caractère horizontal de la Hollande avec ses frais pâturages à ras du sol, où paissent de magnifiques bestiaux. A l'exubérance d'un Jordaens répond le calme d'un Cuyp, toute une intimité débonnaire et pensive baignée dans une lumière caressante.

En terminant ce chapitre, nous célébrerons, au nom de l'art, le double miracle de la liberté dont la Hollande fut bénéficiaire avec la Belgique. Trois siècles glorieux récompensèrent les révolutions politiques où la Flandre se hasarda au xive siècle, et la Belgique comme la Hollande cueillirent ce que le despotisme avait semé dans leur sein. L'intérêt de l'art, dans ces pays du Nord, se double de la curiosité de l'origine de cet art où des lambeaux d'idéal étrangers s'accrochent, en contribuant plutôt à la force d'une originalité qu'ils ne la desservent. L'art a, comme les mots, son étymologie, et un style d'art n'est que le suc de plusieurs admirations.

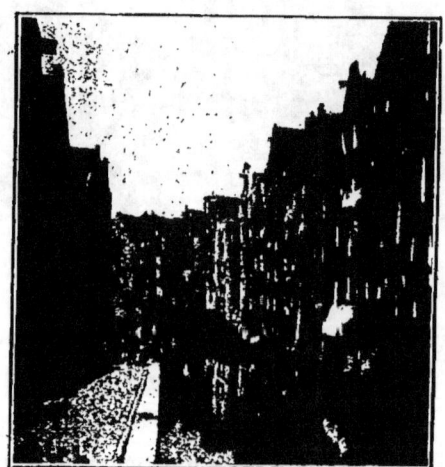

Ph. LL.
VIEILLES MAISONS, à Amsterdam. *(Art hollandais.)*

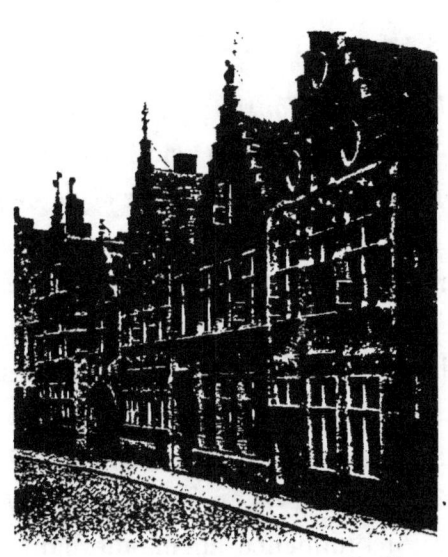

Ph. LL.
MAISON DES MÉTIERS, à Bruges.
(Art flamand.)

CHAPITRE II

L'Architecture en Flandre et en Hollande.

En matière d'architecture monumentale, c'est l'exemple magistral de la France qui, de même qu'en Allemagne, dans le nord de la France et en Angleterre, fleurit en Belgique. Pareilles phases d'expression avec une persistance avérée, jusqu'au XVIIe siècle même, du style ogival.

STYLE ROMAN (XIe siècle et première moitié du XIIe).

La cathédrale de Tournay [fig. 2] (à l'exception du chœur appartenant au XIIIe siècle) représente somptueusement le style roman avec le style de transition, et, dans la même ville, de cette dernière période (seconde moitié du XIIe siècle) se réclament les églises de la *Madeleine* et de *Saint-Quentin*, tandis que les cloîtres de *Tongres*, de *Nivelles*, sont franchement romans. De style roman encore, les églises de *Saint-Piat* (pour certaines parties seulement) et de *Saint-Vincent*, à Soignies; la crypte de *Saint-Bavon*, à Gand, etc. Si l'influence allemande hante aussi ces débuts, alors que l'art ogival prolongera notre pure expression française avec un élan particulièrement magnifique, au XIVe siècle, il ne faut pas méconnaître, néanmoins, les apports nationaux qui, instinctivement, naturalisèrent au goût natal les impressions reçues de par ailleurs. Le sol même d'un pays, ses matériaux, la technique de l'ouvrier étranger, s'accordent avec les aspirations de l'artiste pour marquer sa personnalité. Le génie rayonnant d'un grand homme, encore, d'un Pierre-Paul Rubens, ne saurait laisser indifférente la construction. Et nous verrons le style d'architecture jésuite flamand peser, au XVIIe siècle, magnifiquement. Même reflet dans le meuble, à cette époque, car la Femme opulente de Rubens réclame un siège, une table, à sa convenance, à sa proportion massive. L'art est une condition de nature et de caractère, et les Flamands n'ont point la légèreté française.

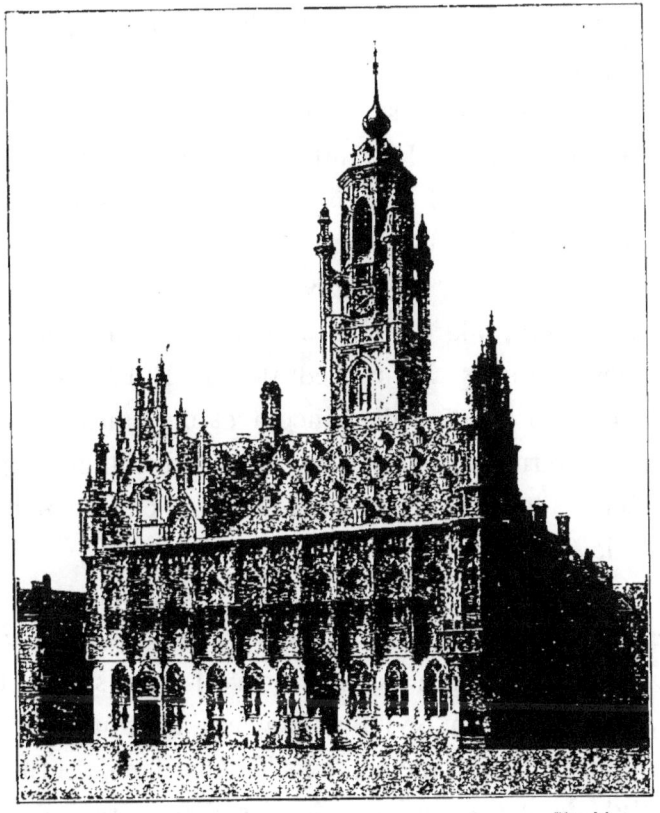

Fig. 12. Hôtel de ville de Middelburg. *(Art hollandais.)*

L'emploi de la brique, aussi bien, qu'il s'agisse de Saint-Sauveur, à Bruges, ou du beffroi de cette même ville; de Sainte-Walburge, à Furnes, ou des

Halles (défuntes!) d'Ypres (en-tête du chap. I), concourt à déterminer, avec d'autres types que nous ferons connaître, un propre style d'architecture flamande, à côté d'emprunts rendus personnels, acclimatés, familiarisés.

C'est ainsi que le style ogival, inexactement dit « gothique » puisqu'il naquit en France, se propagea dans le monde où il fut « ogivalisé » à la manière de chaque peuple. Voici l'ogival florentin de Sainte-Marie des Fleurs, et l'ogival « perpendiculaire » britannique. Malgré qu'elles aient été construites par des Français, les cathédrales de Burgos et de Tolède, en Espagne, de Lincoln et de Cantorbéry, en Angleterre (où notre art normand s'anglicisa), reflètent aussi ces cieux différents, et pareillement pour la Flandre.

La France, semble-t-il, a gardé exactement la mesure dans la profusion décorative qui, à la période flamboyante du style ogival (xve siècle et commencement du xvie), se dépensa unanimement. La qualité du goût, même, dans le débordement ornemental de cette période de décadence, renseigne donc plus logiquement que le plan constructif, et il y a lieu de rapporter le jugement, d'autre part, à la comparaison des sculptures, au point de vue strict de l'exécution, pour les déterminer. Car chaque nation manifeste son enthousiasme décoratif, nationalement. C'est la sobriété française, la sécheresse anglaise, la préciosité italienne, c'est un peu de lourdeur chez les Flamands et de la pesanteur chez

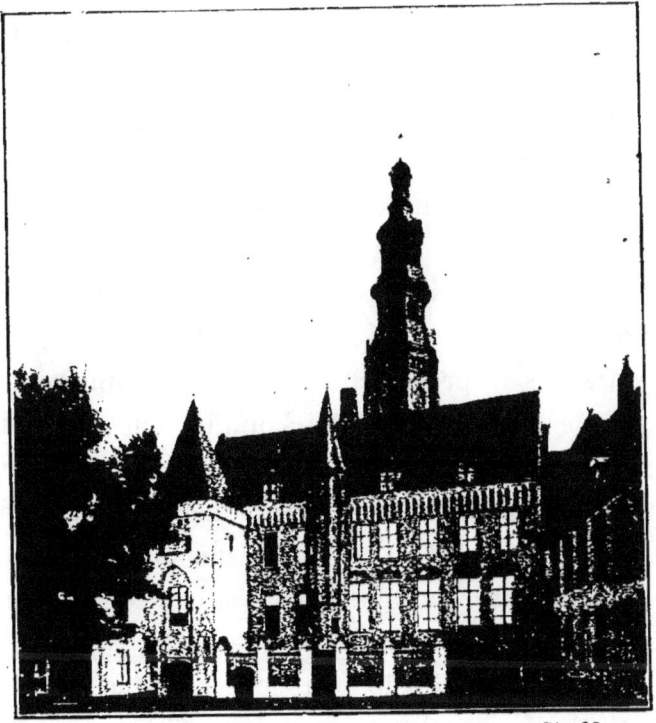

Fig. 13. ABBAYE ET TOUR DE L'ÉGLISE DE MIDDELBURG.
(Art hollandais.)

les Hollandais et les Allemands, malgré que ces derniers aient magnifié comme nous le style ogival.

Mais, en somme, l'architecture familiale, l'humble maison, même, caractérise le plus fidèlement un pays, et la cathédrale n'offre généralement qu'un type français, d'importation grandiose, esthétiquement transposé. A défaut d'une tradition d'architecture classique originale, le « cottage » vient à point, et dans la mesure de son idéal, représenter originalement la construction en Angleterre. L'improvisation du cottage est charmante; elle crée sur-le-champ une tradition pittoresque relevant d'un goût d'intimité, comme l'*isba*, la cabane et la cahute représentent une architecture d'ordre moral particulièrement intéressante à étudier pour la personnalité qu'elles chantent, si modeste soit-elle.

A travers le progrès banal qui régit aujourd'hui la grande ville, celle-ci tend à unifier son aspect de jour en jour, *à l'instar de...* La grande ville se modernise, enfin, sur un modèle d'ordonnance pratique et hygiénique, et c'est dans ses bas quartiers, dans ses rues et ruelles « malsaines » que le caractère propre d'un pays s'est réfugié.

Après cette digression où nous entraîna le type « cathédrale ogivale », nous nous dirigerons vers l'hôtel de ville flamand.

Avant l'hôtel de ville flamand qui, répétons-le, se prit souvent à lutter, architecturalement parlant et au nom de l'affranchissement communal, avec la puissance religieuse, la magnificence avait été réservée au culte divin, et ce mouvement de laïcité trouva spontanément écho en France catholique et en Allemagne protestante.

Toutefois, — et cela est regrettable pour la conve-

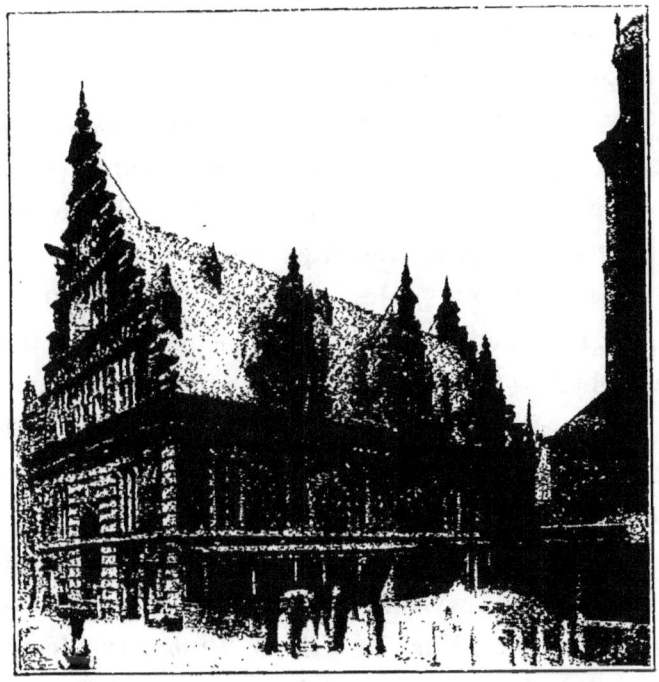

Fig. 14. La Maison des Bouchers, à Haarlem.
(Art hollandais.)

nance diverse des deux idéals civil et religieux, — l'architecte de la cathédrale donna à l'hôtel de ville les pareils dehors de châsse pétrifiée. Il n'empêche que, malgré cette erreur d'appropriation, la « maison de ville » flamande ne trouva point de rivale à sa beauté, en dehors du Nord de la France. Mais nous n'aborderons pas l'énumération de cette beauté avant d'avoir cité encore, comme se réclamant du style romano-ogival, le chœur et le transept de *Notre-Dame de la Chapelle*, à Bruxelles, et *Sainte-Croix*, à Liége (pour la tour et l'abside).

Style ogival (xiiie siècle). — Dans l'expression primaire, nous distinguons : l'église *Saint-Jean*, à Tournay ; *Sainte-Gudule* [fig. 3], à Bruxelles (à l'exception des chapelles qui datent des xve et xvie siècles et les nefs du xive) ; les *églises des Dominicains*, à Gand ; le chœur de *Saint-Bavon*, même ville ; la tour de l'église *Notre-Dame*, à Bruges, et son *beffroi* (dont la façade est du xvie siècle) ; l'église de *Tongres*, celles de la *Vierge* et de *Saint-Jean*, à Poperinghe, et de *Saint-Paul*, à Liége, etc.

Se rattachent ensuite à la période secondaire (xive siècle) : la *Halle aux draps*, l'*Académie des Beaux-Arts* et l'*hôtel de ville de Bruges* (fondé par Louis de Malle, comte de Flandre, en 1377, dont Jean Roegiers conduisit les travaux et que Jean de Valenchiennes orna de sculptures) ; l'*église Saint-Martin* et la nef de *Sainte-Croix*, à Liége ; *Notre-Dame d'Huy*, l'*église d'Aerschot* (due à Jean Pickart), le *chœur de la cathédrale de Malines et la Halle* (auxquelles Rombout Keldermans ajouta, sur la gauche, un palais), même ville, et, pour mémoire, à Ypres, la célèbre *Halle* (en-tête du chap. I) détruite par les Allemands, en 1914.

De la PÉRIODE TERTIAIRE enfin (XVe siècle et commencement du XVIe) : les *chapelles de Sainte-Gudule*, à Bruxelles, ainsi que *Notre-Dame des Sablons* et la *nef de Notre-Dame de la Chapelle*; les *chapelles du Saint-Sang* et de *Jérusalem*, à Bruges; *Saint-Pierre* (dont les Allemands, en 1914, ont fait une ruine) et la *tour de Sainte-Gertrude*, à Louvain; *Saint-Michel* et *Saint-Jacques*, à Anvers; la *tour de Saint-Paul*, l'ancien *Palais épiscopal*, les *églises Saint-Jacques* et *Saint-Martin*, à Liége; la

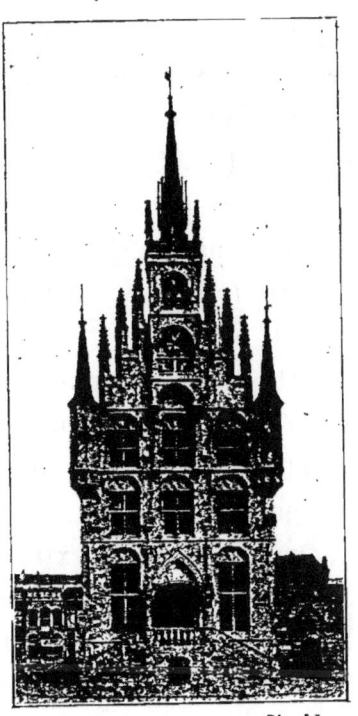

Ph. LL.

Fig. 15. HÔTEL DE VILLE DE GOUDA. *(Art hollandais.)*

façade de l'hôtel de ville de Mons, avec *l'église de Saint-Vaudru*, si réputée pour sa hardiesse et son élégance; le *porche*, la *tour de Saint-Martin* et l'*hôtel de ville de Courtrai*; l'église *Notre-Dame de Pamèle*, à Audenarde (dont le plus ancien architecte flamand que l'on connaisse : maître Arnould, de Binche, aurait donné les plans), où l'on remarque aussi un gracieux *hôtel de ville* (œuvre de Jean Stassins, de Gand, pour le premier projet [en 1525], poursuivi par Henri van Peede, de Bruxelles, et qu'un admirable portail, dû à Paul Van Schelden, rehausse); le *Palais de Justice de Liège* (fig. 5), ancien palais des princes-évêques, l'un des derniers édifices de l'art ogival (1508-40); la remarquable *Maison de la corporation des Poissonniers* (érigée par Jean Borremans), à Liége également, etc.

Cette période flamboyante où la pierre, au mépris de la matière, emprunta la ciselure réservée au métal, prenant pour modèle les châsses des saints, atteignit, en Flandre comme en France et en Allemagne, une richesse extraordinaire, excessive même. Mais n'est-il point symbolique, en somme, ce manque de mesure dans l'expression « flamboyante » au pays de la dentelle? Et la silhouette si particulière des clochetons au couronnement du château flamand, n'est-elle point harmonieuse aussi?

L'*hôtel de ville de Louvain* (fig. 4), que Mathieu de Layens construisit (de 1448 à 1463), représente supérieurement cet enthousiasme pour la broderie de pierre, pour ce parement somptueux partagé maintenant avec la cathédrale et dont l'*hôtel de ville de Bruxelles* (fig. 6), œuvre de Jacques Van Thienen (1401) à laquelle Jean Van Ruysbroek ajouta en 1448 une magnifique tour, constitue le digne pendant.

Dans cette dernière étape de l'ogival fleuri s'achevèrent un grand nombre d'églises commencées précédemment et, en vérité, les épithètes laudatives s'épuiseraient à célébrer chacun des chefs-d'œuvre énumérés qui, comme la *cathédrale d'Anvers* (Saint-Michel), entre autres (que Jean Amel, de Boulogne, para d'une superbe tour commencée en 1422 et terminée par les soins de Appelmans, de Cologne, au début du xive siècle), semblent défier l'admiration.

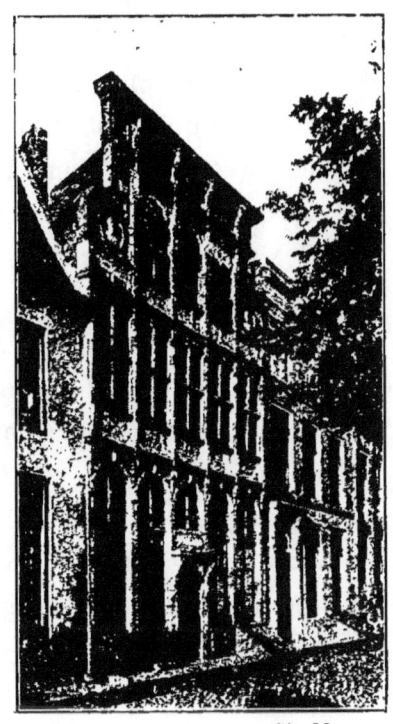

Fig. 16. MAISON DE STEENROT (Middelburg). *(Art hollandais.)*

Avant de poursuivre dans la Renaissance l'expression architecturale qui nous occupe, nous nous complairons à constater l'essor florissant de la Flandre, dès la seconde moitié du xive siècle, et de son art, parallèlement au développement de ses libertés publiques. « A peine les habitants furent-ils maîtres chez eux, dit René Ménard, que le commerce et l'industrie n'étant plus rançonnés arbitrairement par une noblesse qui n'estimait que les armées et méprisait le travail, arrivèrent à un degré de prospérité qui marque la fin du moyen âge... » Le même miracle devait s'accomplir lorsque la Hollande s'affranchit de la domination espagnole.

Les cités flamandes élevèrent donc au plus haut degré la fortune publique, dès leur libération. Nous avons vu Bruges égaler Florence ; Bruges, « souche des écoles du Nord », centre commercial et industriel si favorable à l'échange artistique, où les objets manufacturés venus d'Italie se rencontraient avec les produits des Indes ; Bruges, « magasin des laines d'Angleterre », dont le faste de la cour de Philippe le Bon devait encore augmenter l'éclat.

Bruges enfin, prisme de beauté et de prodigalité, d'où la grandeur émigra à Anvers, qui surpassa Venise à la fin du xve siècle, puis à Bruxelles, peu à peu capitale de la Belgique, Leyde, Haarlem, Amsterdam, répandant l'influence flamande jusqu'en Espagne et dominant la France dans le domaine des arts.

Nous aborderons maintenant l'architecture fla-

L'ARCHITECTURE EN FLANDRE ET EN HOLLANDE 31

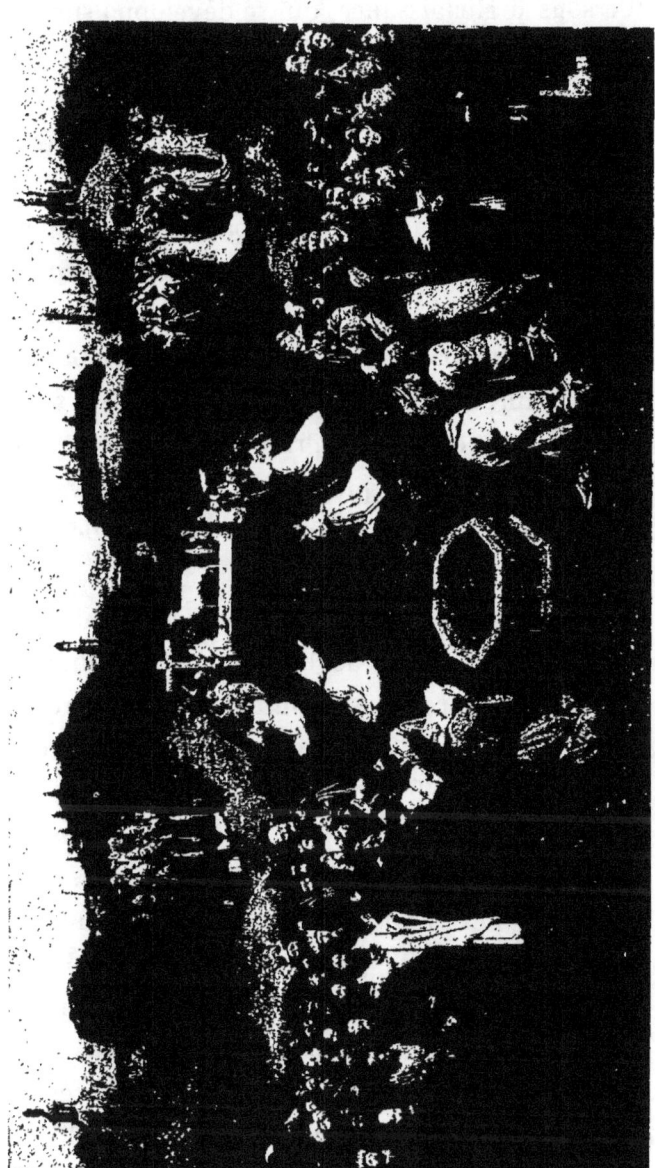

Fig. 17. L'AGNEAU MYSTIQUE (fragment), par Hubert et Jean Van Eyck. (*École flamande.*)

Phot. A. Giraudon.

mande sous la Renaissance, qui se développa surtout vers le milieu du xvie siècle. La Renaissance flamande devait se tourner vers l'exemple italien dont la science l'inspira mais où elle découvrit aussi la froideur et quelque lourdeur. Exemple : l'*hôtel de ville d'Anvers*. L'Espagne, d'autre part, sous la dépendance de laquelle les Flandres étaient alors (jusqu'en 1712), impressionna leur art constructif, témoin le *Palais de Justice de Liége*, déjà nommé. Sans compter qu'un souvenir du Palais de l'Escurial, dédié à saint Laurent sous la forme d'un gril, d'importation espagnole encore, flotte sur quelques bâtiments élevés en Belgique à côté de la grâce et de l'élégance de tant de créations natales.

Or, malgré que le Palais de l'Escurial (fondé par Philippe II et construit de 1562 à 1584) indique la rupture avec l'expression monumentale séculaire en marquant le triomphe du style classique, nous avons noté la fidélité de la Flandre à l'égard du style ogival jusqu'au xviie siècle. Exemples: le *Palais de Justice* de Furnes, le *cloître Saint-Pierre*, l'*église Saint-Loup*, à Namur, celle des *Jésuites*, à Anvers. Et la façade de l'*hôtel de ville de Gand* (construit [de 1481 à 1533] par Van Waghemaekere et Rombout Keldermans, de Malines, qui excella dans l'expression du style ogival) atteste auparavant, avec la *flèche* et le *chœur de la cathédrale d'Anvers*, avec la *Maison du roi* (1514-

1525), à Bruxelles, qui cumule l'ogival et la Renaissance, la prédilection « flamboyante »; alors que la

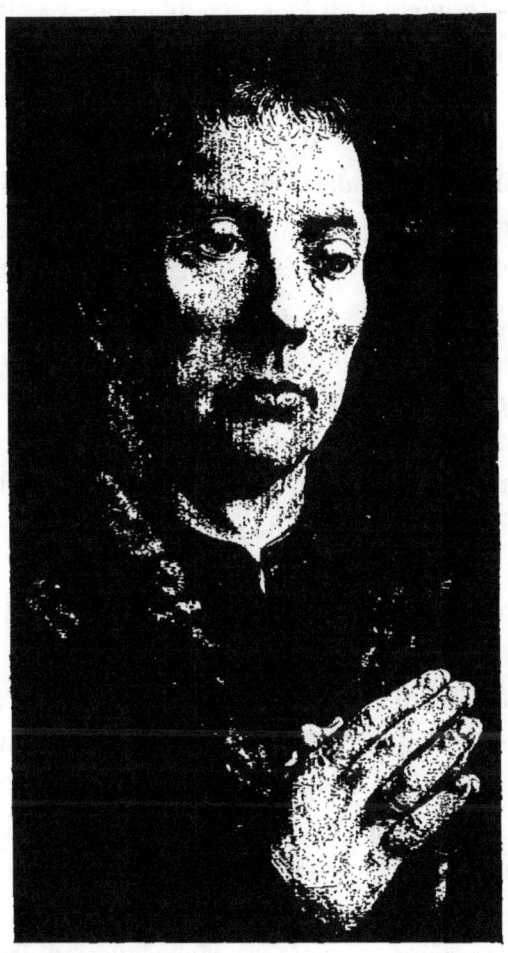

Fig. 18. PORTRAIT DU CHANCELIER CARONDELET,
par Jean Gossaert,
dit Jean de Mabuse (Louvre). *(Ecole flamande.)*

Nouvelle Bourse d'Anvers, bâtie sur les plans de l'ancienne (1531), alors que le joli portail de l'église *Saint-Jacques*, de Liége, dessiné pour sa ville natale par Lambert Lombart, chantent purement le goût de la Renaissance et davantage encore, pour l'originalité flamande dans ce style, les charmantes et menues maisons des corporations de Bruxelles, d'Anvers et de Gand, groupées autour du beffroi gigantesque, ce beffroi, tour de ville inséparable du style des libres communes des Flandres, d'Artois et du Hainaut, où veillait le guet et où sonnait la bancloque.

Ici se confirme la vertu reconnaissable de la construction modeste, domestique ou bourgeoise, par rapport à l'édification orgueilleuse de la cathédrale, quasi impersonnelle ou du moins commune à plusieurs pays. Les maisons auxquelles nous faisons allusion (celles de la Grand'Place de Bruxelles [fig. 6] ont été rebâties au commencement du XVIIIe siècle) sont donc essentiellement flamandes; la silhouette de leurs pignons les signe. Voici le pignon *à redans* ou *en gradins* (en-tête du chap. II), aussi caractéristique que fréquent; voici le pignon affectant la forme de l'arc en doucine, de l'arc infléchi ou de l'arc en accolade; tous ces pignons, étroitement accotés, d'où résulte un pittoresque si riant, si riche aussi puisque des sculptures y alternent avec des filets d'or sur leur façade. Ce pignon, sorte de chaperon aigu, taillé,

L'ARCHITECTURE EN FLANDRE ET EN HOLLANDE 35

façonné et incrusté de mille manières, qui donne à chaque maison « la figure d'un homme couvert d'un

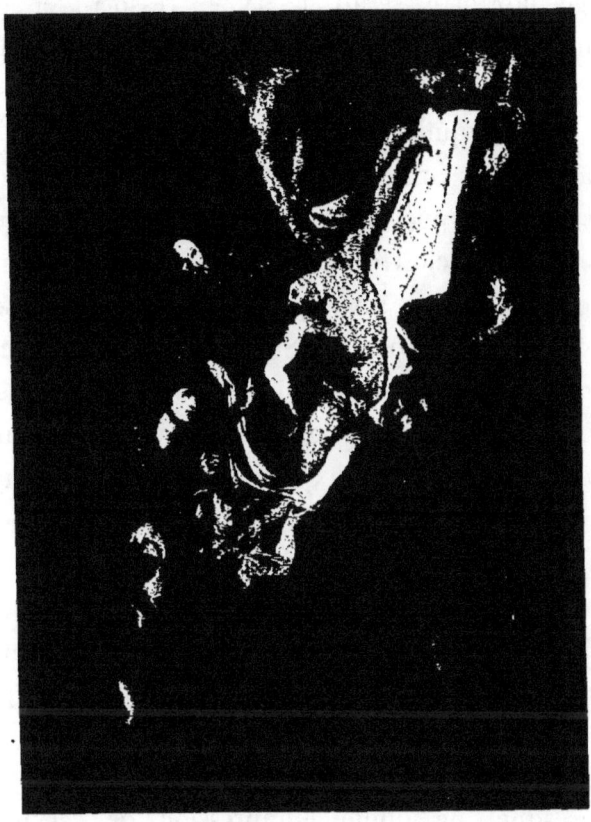

Fig. 19. La Descente de Croix (Anvers), par P.-P. Rubens. *(École flamande.)*

bonnet particulier » ; ce pignon variant la toiture inclinée sur la rue; ce pignon coiffant une sorte de cage élancée, tant les fenêtres sont multipliées et symétriques sur la façade, au mépris des pleins.

La physionomie propre à la ville flamande, dont Bruges-la-Morte serait le type, ressortit à cette intimité architecturale soudain écrasée par la majesté de l'hôtel de ville, de la cathédrale, violée presque dans sa tranquille beauté au bout de la petite rue mélancolique. Bruges l'opulente, la joyeuse autrefois, s'est endormie poétiquement : elle offre tout le recueillement d'un cloître. Bruges avec son Béguinage fameux où la vie mystique du moyen âge obsède; Bruges avec l'hospice Saint-Jean que Memling honora d'une châsse de sainte Ursule où se cristallise un chef-d'œuvre de piété et de ravissement; Bruges avec ses canaux qui sont autant d'impassibles miroirs où la broderie de ses précieux monuments se reflète, Bruges dont l'atmosphère de prière s'émeut à peine du tintement frais des carillons.

Et Bruxelles aura beau faire, fort heureusement pour sa personnalité, il ne sera jamais un petit Paris; pas davantage qu'Anvers, embelli par Rubens, avec ses rues d'un aspect si varié, si riche, si pittoresque, ne donne l'impression de servir un négoce banal. Et Gand, aux monuments non moins prestigieux, et Malines comme doré sur tranche, et Louvain et Namur, ne sont pas moins d'accent flamand.

N'était enfin le souvenir des grandes rives du

Rhin qui hante des ruines similaires en bordure de la Meuse, de Namur à Liége, et cette empreinte, pour

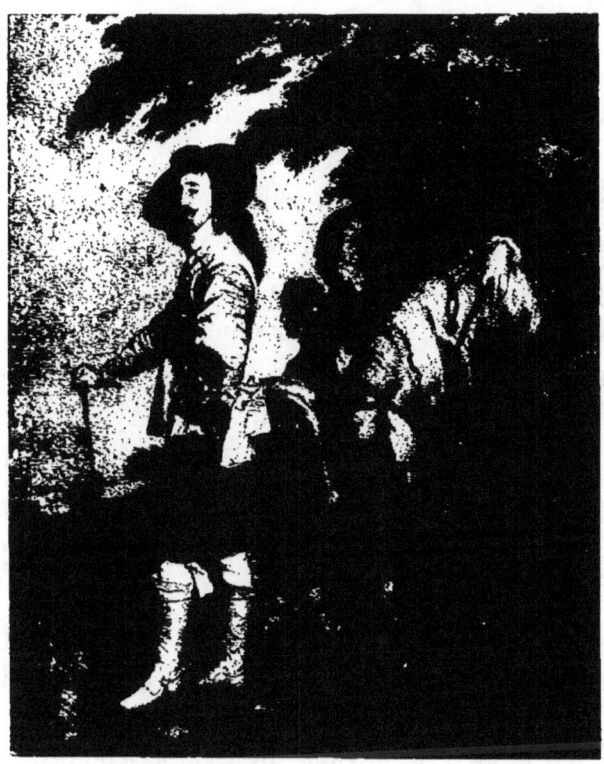

Fig. 20. PORTRAIT DE CHARLES Ier,
par A. Van Dyck (Louvre). *(École flamande.)*

mémoire, du goût espagnol, les cités flamandes seraient essentiellement originales. A moins que, — et c'est là notre pensée, — l'originalité des cités flamandes ne résulte précisément d'une faculté d'assimilation particulièrement éclectique puisque l'exemple français, si impérieux, ne les domina pas davantage.

La cathédrale, l'hôtel de ville flamands correspondent à une discipline classique, tandis que les maisons simples, notamment celles de la Grand'Place de Bruxelles gagnent à leur construction désinvolte une saveur nationale, tout comme le modeste « cottage » anglais, et nous venons de parcourir une ambiance non moins caractéristique.

Aux apports de la Renaissance, tardifs mais prolongés en Flandre, se mêla, au XVIIe siècle, le style bâtard intronisé par les Jésuites. Ce style, à l'image comme à l'exemple de l'école de Rubens, d'une ampleur un peu lourde et d'un débordement sculptural, que les œuvres d'un Lucas Fayd'Herbe, d'un Jacques Franquart (né et mort à Bruxelles, 1577-1651) résument avec celles du Père Guillaume Hésins, architecte de l'église *Saint-Michel*, à Louvain (de 1650 à 1666).

Sous l'abus des ornements et des placages de marbres de couleur, les églises, témoin celle des *Jésuites*, à Bruxelles, par J. Franquart, attestent un mauvais goût dans la voie italienne, qui devait marquer la décadence. Pourtant, au XVIIIe siècle, l'élégance renaît dans plus de sobriété et les édifices civils, témoin le *Palais de la Nation*, à Bruxelles, et l'*hôtel de ville de Liége*, montrent aussi de la distinction.

Au XIXᵉ siècle enfin, l'école flamande devenue l'école belge, ornera sa capitale de monuments comme

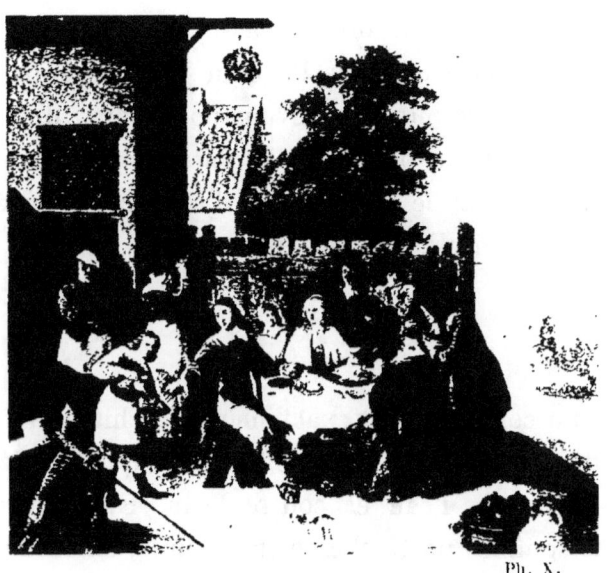

Fig. 21. L'Enfant prodigue, par David Téniers (Louvre).
(*École flamande.*)

la *Bourse* (à la décoration de laquelle s'employèrent A. Rodin et Carrier-Belleuse), la *Banque nationale*, le *Palais de Justice* (par Poelaert, construit de 1866 à 1883), etc., qui ressortissent (pour ce dernier monument principalement, que nous retrouverons à l'art moderne) à une formule esthétique ingénieuse à laquelle contribuèrent encore les Beyaert (pour le *ministère des Chemins de Fer)*, les Auguste Maquet (pour la façade du *Palais du Roi)*, tandis que Balat, qui donna les plans du *Palais des Beaux-Arts*, demeurait fidèle, avec une pureté de goût et une science supérieure, à la tradition classique.

Mais nous atteignons l'époque contemporaine et, en ce chapitre, nous ne devons point sortir du cadre ancien, quitte à parler de l'architecture moderne, si originale, avec le mouvement d'innovation générale qui caractérise heureusement nos jours.

* * *

On a comparé, fort exactement, l'architecture hollandaise à celle du castor, parce qu'elle s'élève au-dessus de l'eau et contre l'eau. Effectivement, nous sommes particulièrement séduits, en Hollande, par l'originalité de son architecture fluviale : ces dunes et ces « polders », ces chaussées et ces digues, ces vastes prairies coupées de canaux et ponctuées de moulins à vent (fig. 8); ces canaux coiffés de ponts à bascule; ces canaux à fleur du pavé, qui sont, comme à Rotterdam, des grandes rues bordées de quais plantés d'arbres où croisent des bateaux petits et grands; ces moulins, qui tournent leurs ailes à tous les points de l'horizon, tantôt habillés de

briques rouges ou en maçonnerie blanche, tout en bois
ou bien parés de couleurs chatoyantes, simples et

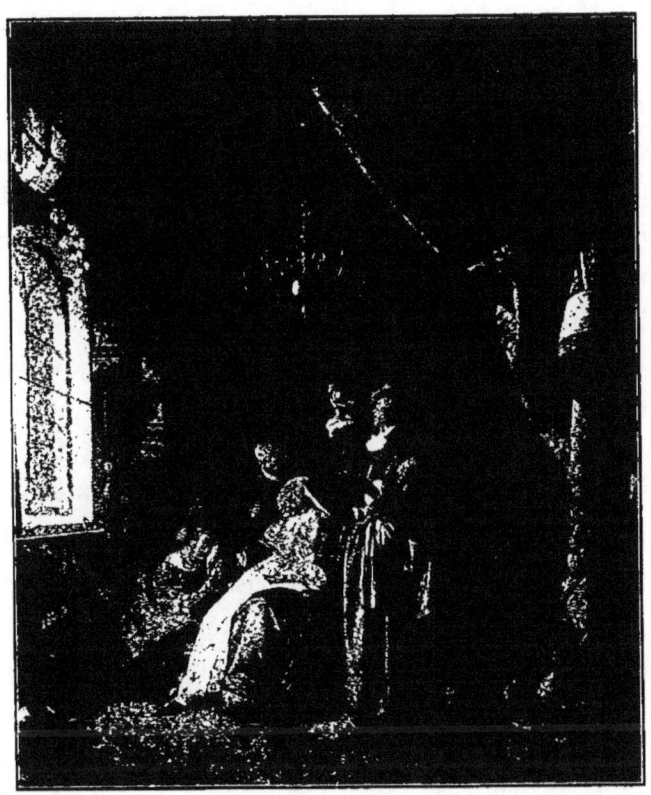

Fig. 22. La Femme hydropique, par Gérard Dov (Louvre).
(École hollandaise.)

sveltes ou gracieusement ceinturés de balustrades
sculptées avec des rehauts de dorure...

Ces prairies, grasses et vertes, en contre-bas des

canaux, le plus souvent, de telle sorte que les bateaux semblent suspendus au-dessus de ces vaches sculpturales que Paul Potter a immortalisées.

Ces moulins, qui broient, moulent, scient et surtout pompent l'eau des prairies pour leur sauvegarde, car elles seraient bientôt submergées par la mer sans leur continuel labeur. Ces moulins où toute une famille veille, confortablement installée; non point le jouet fragile que nous nous figurons, mais une évocation de ces « tours isolées du moyen âge qui n'étaient rien moins que des châteaux entiers ».

Ce pays taciturne, de tourbe et de brique, où l'eau somnole; cette atmosphère grise qui vibra pourtant au clair éclat de rire d'un Jean Steen !

Car c'est l'ancienne Hollande que nous évoquons et, pour nous, elle partage encore avec sa sœur la Belgique la parure héritée d'un passé commun.

Néanmoins, la couleur de la Hollande où, dans la construction, la brique rouge sombre domine sous un ciel gris, est caractéristique avec son eau terne et la monotonie de sa ligne horizontale qu'enveloppe une brume froide.

L'occupation espagnole n'a pas moins marqué l'architecture hollandaise que l'influence des relations fréquentes des Hollandais avec la Chine et le Japon, comme avec l'Italie, l'Angleterre et l'Écosse. Il se dégage ainsi, de l'ancienne maison qui nous occupe, une curiosité typique, un charme savoureux où le goût flamand a sa part, mais dans un paysage très différent.

Ainsi retrouvons nous ici les étroits frontons à

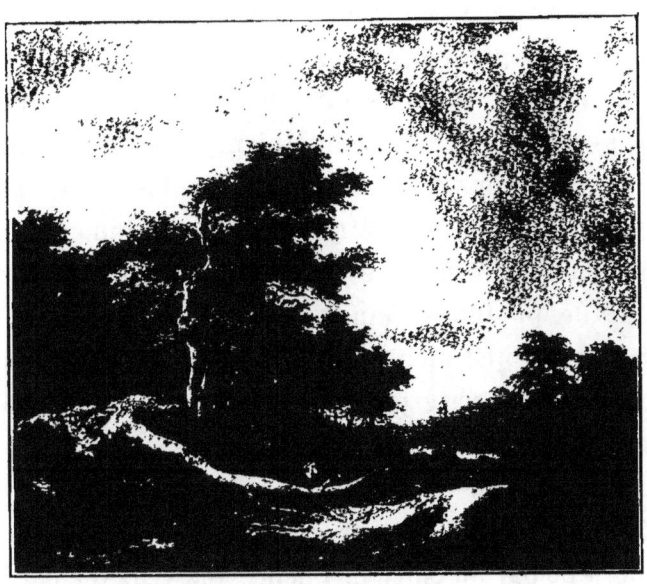

Fig. 23. Paysage, par J. Ruysdaël (Louvre).
(École hollandaise.)

redans ou *en gradins* (fig. 7) célébrés dans la patrie de Rubens; ces toits ou pignons simplement triangulaires ou bien richement ornés de corniches et de sculptures.

Et, pour la réminiscence orientale, voici des villas qui ressemblent à de petits kiosques avec leur toiture chinoise, avec leurs volets semés d'oiseaux ou de

fleurs au dessin singulier. La façade de ces villas,
— encore au milieu du xixe siècle, — était élégamment peinte de plusieurs couleurs (quelquefois, le tronc des arbres lui-même n'échappait pas à un coloriage rouge et blanc !), tandis que les jardins, à peine protégés par une haie basse, étalaient complaisamment aux passants leurs allées artistement ratissées, lesquelles composaient, avec du sable rouge et noir, des motifs d'où jaillissaient « des roches artificielles construites avec une innombrable quantité d'énormes coquillages et surmontées souvent de pavillons chinois qui, ornés de mille clochettes, protégeaient soit un magot de porcelaine, soit un beau vase japonais au décor floral éclatant et bizarre ».

Chaque coin de ces curieux jardins était meublé d'un «berger ou d'une bergère en plâtre soigneusement colorié ou par un chien de faïence aux yeux d'émail...»

Des souvenirs du Japon, et de Java aussi, obsèdent donc certaines petites villas anciennes, sans compter que le style oriental flatte, encore de nos jours, le costume uniforme des habitants de l'île de Marken. Quelques emprunts à l'Italie, à l'Angleterre ou à l'Écosse, se relèvent d'autre part, avons-nous dit, dans la Hollande du passé et, suivant une opinion autorisée, ces derniers reflets ne se borneraient point à l'esthétique. « Ces impressions extérieures seraient probablement aussi celles que ferait naître une étude un peu approfondie du caractère des habitants de ces villas. Les fils des hommes infatigables qui ont gagné des trésors dans le commerce vivent dans le loisir et, selon leur goût ou leurs relations, ils séjournèrent longtemps, ceux-ci à Naples ou à Florence, ceux-là dans les domaines de l'aristocratie anglaise ou écossaise... »

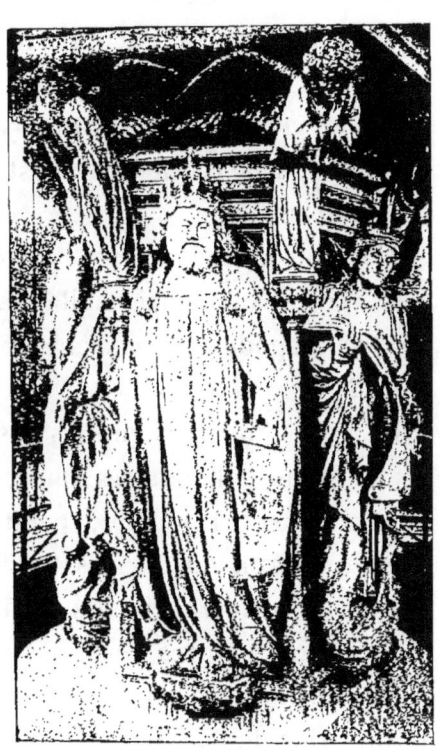

Fig. 24. Le puits de Moïse, par Claux Sluter. *(Art flamand.)*

A l'imitation italienne, — pour continuer le chapitre du pittoresque dans l'ancienne architecture hollandaise, — se rattachent les quais d'Amsterdam dont les maisons conservent le souvenir de la forme carrée chère au pays de Dante.

De même que nous l'avons observé en Flandre, c'est dans l'habitation simple, dans la vieille rue spirituellement désordonnée, dans l'humble « pâté » de maisons, que se rencontre le caractère le plus personnel de la construction hollandaise dont le faîte dentelé serait une révélation sur le ciel, n'était la communion de ce ciel avec l'esthétique de la Flandre d'autrefois.

Mais encore, couronnée de clochers, clochetons et épis, cette silhouette hollandaise, avec ses faux airs de pagode, ne charme-t-elle point originalement ?

Et l'on n'insistera jamais assez sur l'élégance de ces maisons hollandaises plusieurs fois centenaires, si proprement rajeunies, peintes qu'elles sont en blanc, en brun ou en gris tendre, avec leurs tuiles rouges, avec leurs vitraux étincelants, leurs stores neufs et leurs portes vernies.

Au surplus, en Hollande, répétons-le, le décor naturel aidé de l'artifice érigé contre l'envahissement de la mer, procure une vision inédite. A Rotterdam, par exemple, ce n'est point l'aridité majestueuse et opulente de Venise, la « ville aquatique » par excellence, sans quais ni arbres, c'est le contraste de la fièvre des affaires et du travail qui se mire dans la somnolence des eaux où les verdures se reflètent aussi paisiblement que les maisons.

L'ARCHITECTURE EN FLANDRE ET EN HOLLANDE 47

Et Venise, enfin, ne s'évoque guère qu'à Amster-

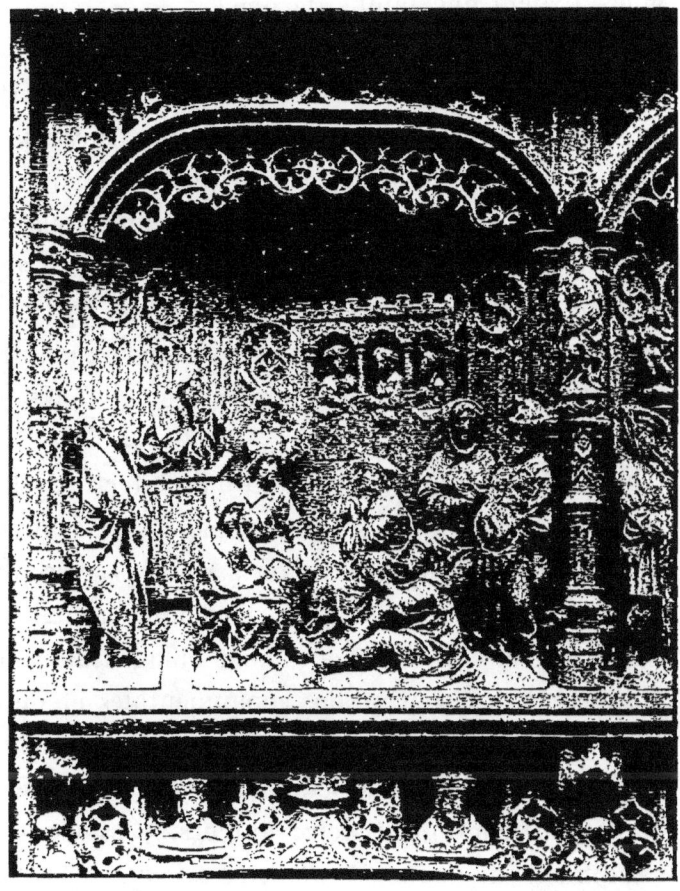

Phot. Jos. Casier.
Fig. 25. LA PRÉDICATION DE SAINT JEAN-BAPTISTE, fragment du retable de la légende de saint Jean-Baptiste (église d'Hemelveerdegem), vers 1520. *(Art flamand.)*

dam (surnommée d'ailleurs : la *Venise du Nord)* où toutes les maisons et tous les édifices sont bâtis sur pilotis, ce qui fit dire à un voyageur que les deux villes avaient une jambe de bois...

Rues sans canal, canal où circulent de grands bateaux à vapeur ou de rares esquifs, rues désertes ou très vivantes, autant de diversions suivant les sites différents, mais dont le caractère s'envisage plus exactement, en remontant à l'ancienne Hollande, dans le flegme et l'impassibilité, en harmonie avec le front taciturne de leurs habitants. Taciturne seulement à l'extérieur, parce que les joyeux peintres hollandais du passé ne sauraient être taxés de mensonge.

Nous aborderons maintenant l'architecture classique où se retrouveront, de même qu'en Flandre, des expressions interprétées ou assimilées avec plus ou moins d'intérêt, d'après l'exemple roman et ogival que la France avait donné magistralement.

Pourtant, les conceptions monumentales et décoratives de la Flandre sont supérieurement riches, malgré que la Hollande leur ait emprunté souvent, au début, leurs prestigieux auteurs. C'est le cas, notamment, de l'*hôtel de ville de Flessingue*, construit, ainsi que l'*hôtel de ville d'Anvers* (de 1561 à 1565), par Corneille de Vriendt, dit Floris.

Même observation pour les anciens châteaux (aussi peu somptueux que les palais modernes).

Néanmoins, malgré leur magnificence inférieure

L'ARCHITECTURE EN FLANDRE ET EN HOLLANDE   49

vis à-vis des « maisons de ville » flamandes, il ne faut pas méconnaître, en Hollande, celles : de *Bois-le-Duc*, que Pieter Post reconstruisit au XVIIe siècle, de *Rotterdam*, *Leyde* (fig. 9), *Delft* (fâcheusement restaurée par H. de Keyser en 1618), de *Veere* (achevée en 1474, par Keldermans le Vieux), de *Middelburg* (fig. 12) (merveille d'architecture bourguignonne, œuvre encore de Keldermans et de ses fils, commencée en 1648), de *Deventer* (par Jacob

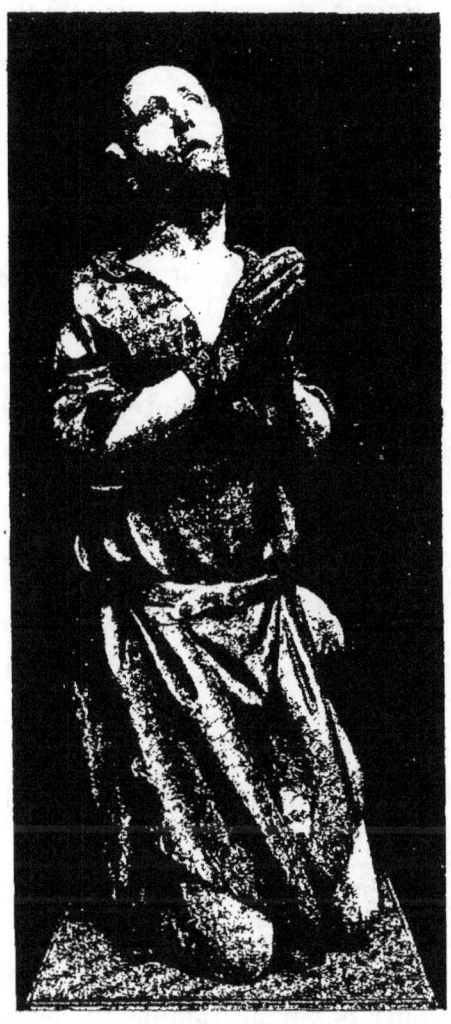

Phot. Jos. Casier.

Fig. 26. CAPTIF SERVANT DE TRONC A AUMÔNES, statue en bois polychromé (église de Wervicq), XVIIe siècle. *(Art flamand.)*

LES STYLES FLAMAND ET HOLLANDAIS.

Romans, architecte de Guillaume III, qui bâtit aussi le château de Loo), entre autres.

Parmi les plus anciennes et les plus belles églises que l'on rencontre surtout dans le Sud, voici celles de *Saint-Servan* (xe siècle) et de *Notre-Dame* (xiie s.), à Maëstricht; *Saint-Etienne*, à Nimègue; la *grande église de Dordrecht* et la *cathédrale d'Utrecht* (dont Jean Van Henegouwen posa la première pierre), remontant toutes trois au xiiie siècle ainsi que le *Munsterkerke* de Ruremonde. Du xive au xve siècle datent l'*église du Cloître*, la *Grande église* de La Haye, la *cathédrale de Bois-le-Duc*, l'*Église neuve* d'Amsterdam, et les grandes églises d'Arnhem, Haarlem, Rotterdam.

On remarquera que le style ogival persista moins longtemps en Belgique qu'en Hollande, où les influences de la Renaissance, en revanche, se prolongèrent.

Regrettons, en outre, que la Réforme ait dépouillé de leurs ornementations un grand nombre de ces églises (qui, pour la plupart, restèrent inachevées), dont toute la séduction, ainsi, diminue.

L'hôtel de ville de La Haye apparaît comme le premier ensemble significatif de la Renaissance. Il fut bâti de 1564 à 1565 et semble borner le progrès de ce style dans les constructions qui suivirent, si nombreuses, dédiées à l'idéal civique et corporatif.

Toutefois, la personnalité de la Renaissance implantée en Hollande, et que Jacob Van Campen avait fait connaître (J. Van Campen introduisit en Hollande le style de Palladio, témoin notamment le *portail de l'église dite Marekerk*, à Liége, qu'Arent Van's Gravesande construisit, de 1639 à 1648), s'avère dans l'emploi des matériaux d'abord; car la brique dénature déjà l'aspect du modèle italien; cette brique brusquée aux angles du bâtiment par de la pierre. Et puis, chez

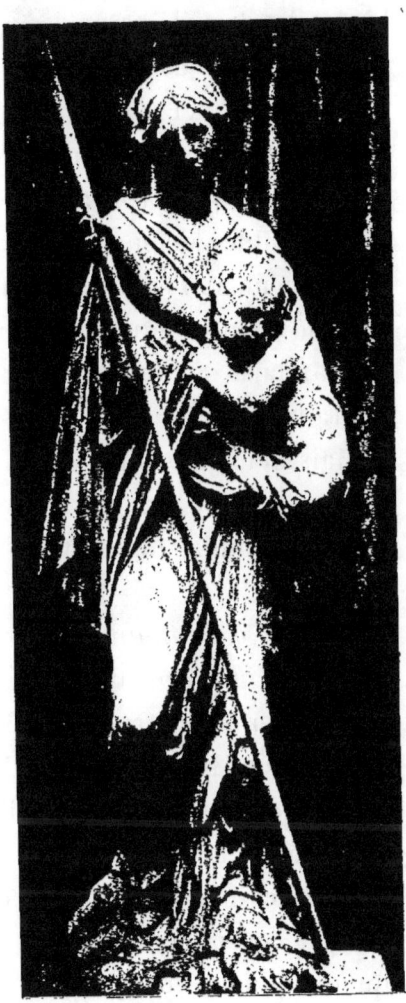

Phot. Jos. Casier.

Fig. 27. LA VIERGE A L'ENFANT, de l'église N.-D. de Bon-Secours. Statue en bois, autrefois peinte, XVIIe siècle (musée communal, Bruxelles). *(Art flamand.)*

les Hollandais, le premier étage surplombe, originalement, sur de gracieuses consoles, la masse constructive, et nous avons dit l'agrément des hautes lucarnes et frontons comme des toits aigus, bien après que la France les eût abandonnés.

L'exemple espagnol, point davantage, n'a contredit excessivement l'émanation créatrice de la Hollande : le style « plateresque » ne dénature point la maison néerlandaise. Sa réminiscence ornementale est plutôt lointaine.

Mais nous avons parlé des apports orientaux dans la construction, et plus on examine les monuments de la Hollande, plus cette influence se vérifie généralement.

C'est l'*église Saint-Jacques*, de Flessingue ; c'est l'*église Saint-Jean*, de Gouda ; celle de *Sainte-Anne*, de Haarlem (construite de 1645 à 1649 sur un modèle de Salomon Bray), la *Tour* (« le Long Jean ») de *l'église de Middelburg* (fig. 13) et celles de l'Hôpital, à Zalt-Bommel, et de Groningue (fig. 7), avec leur clocher chinois ! C'est l'*hôtel de ville de Zierikzee*, dont le couronnement emprunte au japonais autant qu'au chinois, au byzantin et au moscovite, et les hôtels de ville de *Francker*, de *Kampen*, et de *Bolsward* (XVIIIe siècle) ne sont pas moins coiffés à l'orientale que les clochers bâtis à Amsterdam par H. de Keyser en 1606 et 1614.

Clochers caractéristiques, aux étages élégamment découpés et surmontés d'un petit dôme à jour, qui pourraient bien s'être inspirés aussi, de ce «... bulbe monstrueux de l'oignon symbolique » montré par le Gobelousse de M. Miguel Zamacoïs dans *la Fleur merveilleuse*, en haut de la *Grande église de Haarlem*, ville où la culture de la tulipe est particulièrement en honneur.

La charmante *Maison des Bouchers* (Vleeschal), de Haarlem (construite de 1602 à 1603 [fig. 14] par Lieven, de Key,

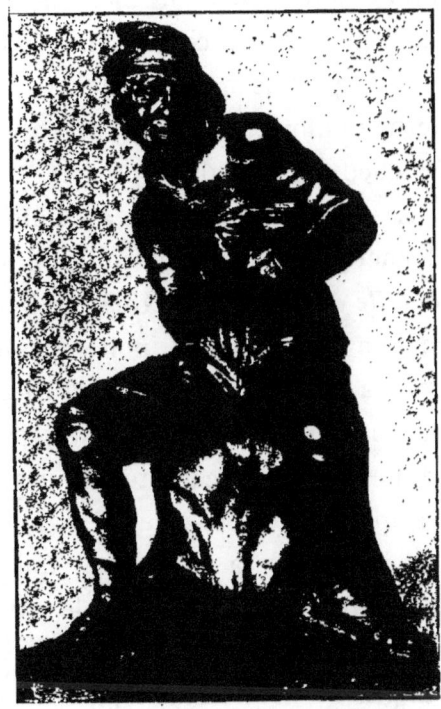

Phot. Jos. Casier.
Fig. 28. Un Buveur, terre cuite patinée en bronze, XVIIe siècle (baron Janssen, Bruxelles). *(Art flamand.)*

maître des œuvres de cette ville, et sur les plans de Claes Pietersz pour la spirituelle charpente), avec ses faux airs moscovites, à moins qu'indochinois dans la décoration des fenêtres latérales, chante encore cet exotisme, ainsi que tant d'autres maisons plus modestes, au décor polychrome.

Et les murs de ces maisons roses sont couverts d'un enduit lustré, ou bien encore les façades de ces maisons sont blanches et vernissées, *laquées* pourrait-on dire, parfois ornées de fleurs et d'animaux sculptés, de médaillons, de colonnettes qui évoquent aussi la fraîcheur riante des potiches.

Les sculptures en grès appliquées sur la brique; les clochetons et pinacles multipliés (exemple : *l'hôtel de ville de Gouda* [fig. 15]) ; le beffroi ou les clochers souvent terminés en poire (comme ceux de l'*hôtel de ville de Veere*, du *château de Cleydael-sous-Aertslear*, de l'ancien pays de Malines, parmi tant d'autres) sont non moins caractéristiques dans l'architecture en question. Cette dernière particularité concerne pareillement la Belgique qui partage avec la Hollande, ainsi que nous le savons, le pittoresque de ses maisons à pignons (celles du *canal Aachterburgwal*, à Amsterdam [cul-de-lampe du chap. I]; celles qui entourent l'*église Saint-Jean*, de Gouda; celles de la place du Grand-Marché, à Nimègue, celles de Goes, de Groningue [fig. 7], etc.).

En poursuivant l'énumération choisie des constructions de la Renaissance, nous trouvons encore : le *Cercle de Sint-Joris* (1582); la *Maison dite « de Steenrots »* (1590), à Middelburg (fig. 16); la *Maison*

Martena (qui sert aujourd'hui d'hôtel de ville à un faubourg de Franeker); la Maison dite « Gemeenlands-huys Van Delfland », par Jean de Heuyter, à Delft.

Du XVIIe siècle se réclament notamment : le *Palais du Roi* [cul-de-lampe du chap. II] (à Amsterdam), en 1648 et terminé en 1665 par l'italianisant Jacob Van Campen (né à Amersfoort et mort en 1657) déjà cité plus haut, vaste carré en pierres construit sur 13.659 pilotis; des *portes de ville*, à Leyde, dues à Willem Van der Helm, etc.

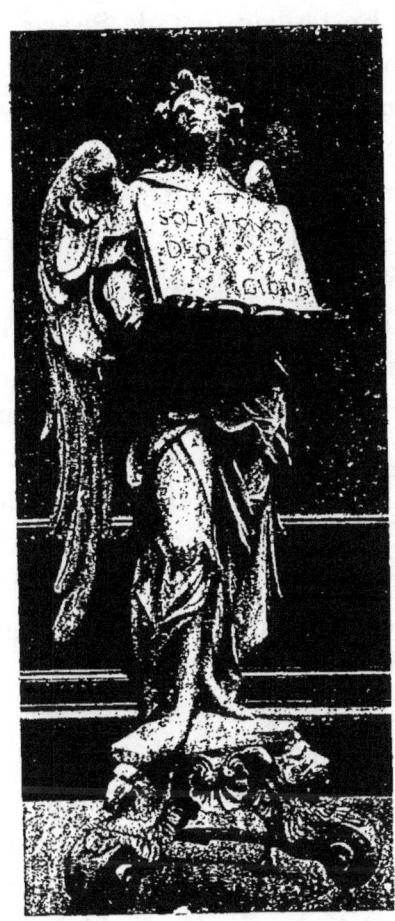

Phot. Jos. Casier.
Fig. 29. ANGE-LUTRIN, statue en bois (XVIIIe siècle), attribuée à Théod. Verhaeghen (église de Ninove). *(Art flamand.)*

Du XVIIIe siècle datent : la curieuse *Maison aux statues*, de Flessingue, dont le faîte est couronné de dieux et de déesses, la *porte de Delft*, à Rotterdam (par de Swarte, achevée en 1772), non moins lourde, avec le groupe colossal de statues qui la surmonte, etc.

Avant de toucher au XIXe siècle, jetons maintenant un coup d'œil d'ensemble sur le passé précédemment envisagé. Nous relevons dans l'usage de la brique, si fréquent dans les Flandres, ces caractéristiques ingénieusement dérivées de la pierre : arcatures en briques *moulurées* (s'appuyant sur des supports de pierre délicatement ornés), cette décoration propre à plusieurs constructions du XVIe siècle, à Dordrecht. Lucarnes en brique *sculptée*, figurant jusqu'à la fragilité des *roses*, au XVe siècle, comme à Furnes. Maisons du XVIe siècle (à Bruges notamment) dont les imbrications atteignent à des combinaisons imprévues et changent de l'emploi cumulé de la brique et de la pierre, si fréquent au XIVe siècle. Maisons en brique blanche, particulières à Ypres. Portails en pierre bleue comme celui de l'église Saint-Basile, à Bruges ; édifices en pierre bleue et blanche comme la tour de l'église Saint-Borromée, à Anvers ; sculptures en pierre bleue encore, témoin celles qui proviennent de l'ancienne Bourse d'Anvers (1531).

Pareillement, le « gothique » hollandais, exemple le *Cloître Saint-Servais*, à Maëstricht, varie l'ogival français dans l'agrément des meneaux qui sont en forme de fleurs de lis.

Et nous avons dit la variété charmante des tym-

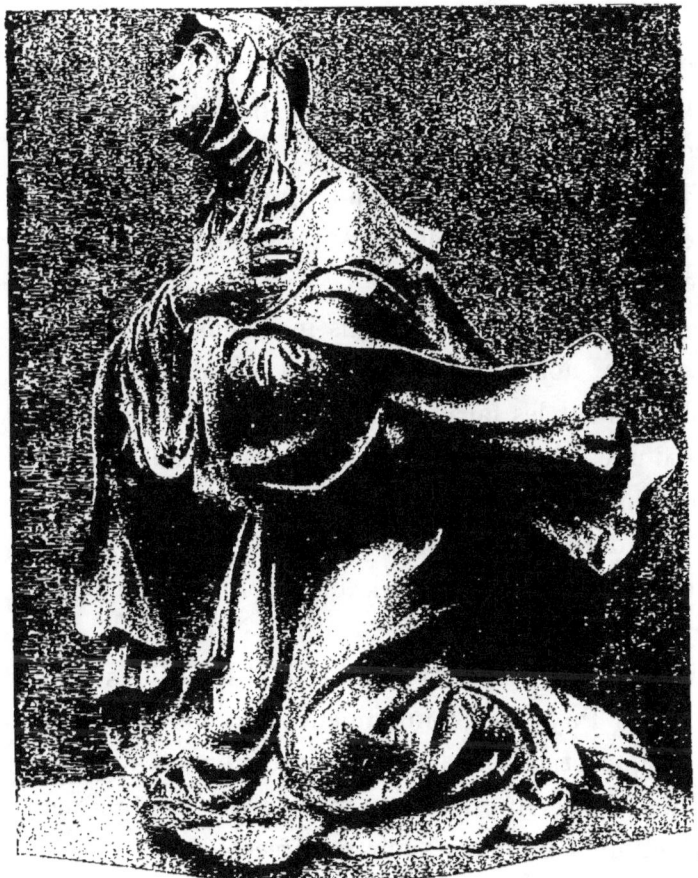

Phot. Jos. Casier.

Fig. 30. SAINTE BRIGITTE DE SUÈDE AGENOUILLÉE, statue en chêne verni (collection Van Den Corput, Bruxelles), par Gautier Pompe. (Art flamand.)

pans sculptés aux fenêtres des façades de la Renaissance et des pignons où la pierre souvent s'associe à la brique, la pierre au bois, etc.

Dans cet exposé général de la personnalité architecturale qui nous occupe, nous signalerons encore, à côté du beffroi, typique, la *bretèche* chère à l'époque ogivale : la bretèche ou balcon couvert servant à faire les proclamations, dont l'hôtel de ville de Gand présente un exemple remarquable. Ogivales aussi, ces niches somptueusement ouvragées.

A retenir les imbrications ingénieuses de la construction hollandaise, la multitude des ornements plaqués sur les façades, la curiosité d'une balustrade et d'une loge, assez répandues, comme celles qui couronnent la façade principale de l'hôtel de ville de La Haye dont on ne sait si la séduction provient de la coloration des matériaux ou de l'heureuse combinaison des masses.

Et puis, dans cet ensemble d'observations où les anciens Pays-Bas communient dans l'excès du pittoresque et la lourdeur, ce sont enfin les portes de villes du xviie siècle qu'un Rubens, notamment, affectionna pour les avoir inspirées.

Mais fermons notre parenthèse et, en enchaînant nous toucherons deux mots de l'architecture après le xviiie siècle, en Hollande. Dans la première moitié du XIXe siècle, voici la *Bourse*, conçue par H. de Keyser (1565-1621), mais terminée en 1845, que 34.000 pilotis soutiennent et qu'ornent 17 colonnes ioniques. Cet intéressant monument, à Amsterdam où le *Musée royal*, œuvre de Cuypers, qui remonte au roi Louis-Napoléon, est aussi à noter pour la fantaisie, tout au moins, de son style amalgamé d'ogival et de Renaissance.

Mais, à Amsterdam encore, la *Nouvelle Bourse*, de Berlage, dans

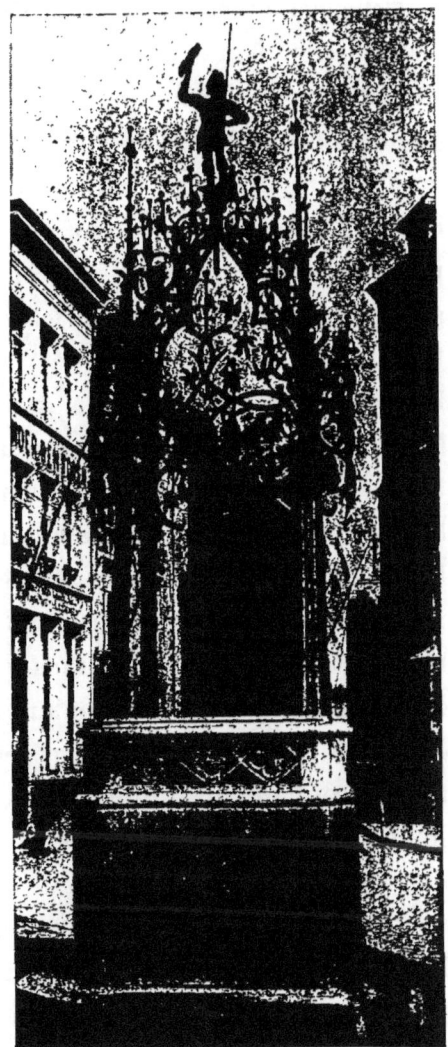

Fig. 31. Puits en fer forgé (Anvers), par Quentin Metzys. *(Art flamand.)*

le style néo-américain (!) offre bien d'autres motifs à discussion.

L'époque contemporaine, d'ailleurs, ne nous concerne point ici. Et, malgré tout l'intérêt encore d'une architecture moderne enthousiaste dont les efforts ingénieusement harmonieux (nous verrons, au chapitre des arts appliqués, les Hollandais à l'avant-garde du progrès avec les Belges) sont en train de transformer, logiquement, à l'image comme aux besoins de notre temps, la maison à l'extérieur et à l'intérieur, du décor à l'ustensile, nous nous arrêterons à ce coup d'œil furtif sur un passé particulièrement attachant. Ce passé qui se berce de monotonie, de nostalgie presque, où les tulipes odorantes parfument avec les jacinthes tout un paysage d'ingénieur brusqué par des moulins à vent. Et quel symbole spirituel dans ces moulins à vent! Que voilà bien une terre propice à la rêverie! Quel contraste avec le sol flamand si lumineux, si exubérant! Quelle nuance dans le rire et dans le geste! Devant Rubens on s'exalte, devant Rembrandt on se recueille. C'est toute la vertu d'un ciel différent que l'on goûte dans la diversité de ces génies, à la faveur d'un paysage typique comme d'une architecture personnelle; et, pour l'audace désinvolte, pour l'originalité de l'aspect, c'est à la Hollande peut-être que reviendrait la palme. N'oublions pas enfin que, dans son esthétique générale, la Belgique, qui doit d'ailleurs beaucoup à l'influence française, allège plutôt ses apports au contact de notre esprit, tandis que la Hollande incline plutôt au goût allemand.

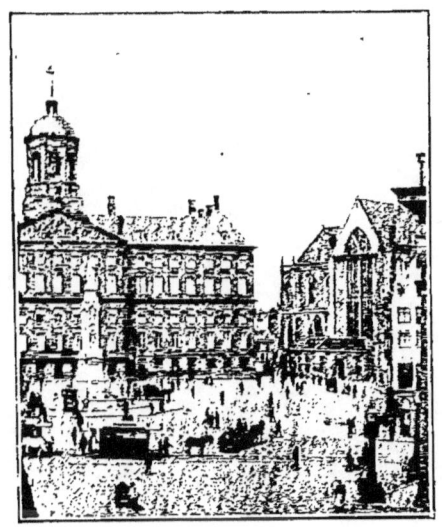

Le Dam et le Palais-Royal,
à Amsterdam. *(Art hollandais.)*

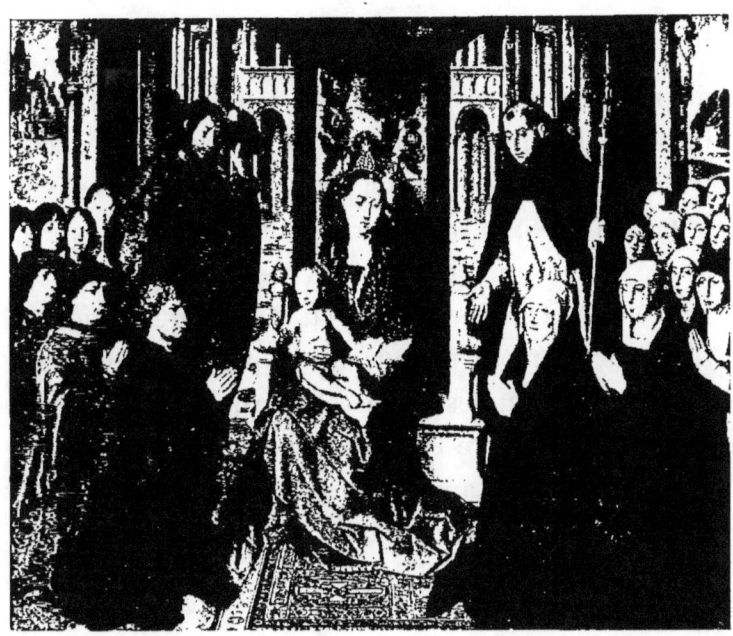

LA VIERGE AUX DONATEURS, par Hans Memling (Louvre).
(École flamande.)

CHAPITRE III

La Peinture et la Gravure en Flandre et en Hollande.

A la fin du xive siècle, la supériorité des peintres flamands s'affirme supérieurement pour briller durant trois siècles et demi. Deux phases d'expression s'y distinguent : l'une qui, des prémices, s'étend au début du xvie siècle, c'est-à-dire des Van Eyck à la mort de Quentin Metzys; l'autre qui part du xvie siècle pour s'éteindre à la fin du xviie siècle.

L'expression initiale correspond à une piété calme, à une préciosité tranquille, à l'essor d'un Beau idéal « révélé çà et là, mais à travers de sombres nuages ». C'est la première période de la peinture gothique. La seconde manifestation est marquée par le génie truculent de Pierre-Paul Rubens, où la vie déborde. Entre ces deux étapes originales et diverses, se place l'énonciation dégénérescente des peintres flamands attirés vers l'art italien.

Nous développerons ce bref exposé.

On a dit que l'art flamand, dans ses compositions les plus chrétiennes et les plus pures, avait toujours eu un secret penchant à représenter la religion par le côté de son luxe et de ses splendeurs matérielles, et cela se justifierait déjà par l'ambiance de richesse qui dora l'essor des arts primitifs dans ces cités flamandes dont nous avons narré la fastueuse prodigalité, toute la prospérité industrielle et commerciale.

Mais encore l'art primitif généralement s'apparente à la broderie, au bout du pinceau ou du ciseau. Sa foi s'absorbe dans la patience, à la ciselure d'une expression humaine comme à l'ornementation d'une châsse. Égal par les moyens, l'art primitif diffère

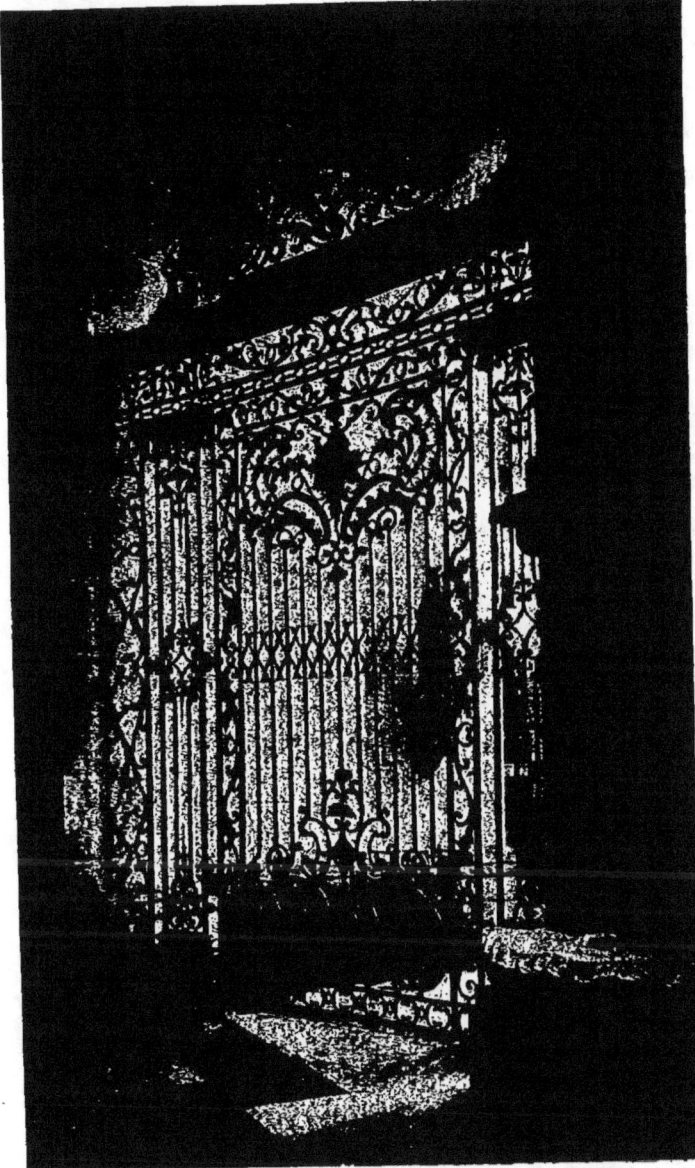

Phot. Jos. Casier.

Fig. 34. GRILLE EN FER FORGÉ, XVIII° siècle (église Saint-Pierre, Gand). *(Art flamand.)*

cependant par le concept et, après la finesse du goût italien, voici la sincérité naïve des Flamands, leur poésie dégagée du réel.

Nous ne nous attarderons point à l'affinité de l'art bourguignon et flamand avec la peinture française des xve et xvie siècles, affinité qui tient à une communauté d'origine où la maison de Bourgogne joue son rôle historique.

Aussi bien la Renaissance française ne saurait être séparée, à ses origines, de la Renaissance flamande, d'autant que si les procédés des artistes de la Flandre intriguaient les Italiens, les ducs de Bourgogne (et même Charles V) ne se faisaient pas faute d'attirer en France les artistes flamands.

D'où une mêlée du génie où néanmoins la part de chacun, originalement, se retrouve.

Parmi tous les arts, la peinture principalement honora la Belgique. Son berceau fut l'école de Bruges créée par les frères Hubert et Jean Van Eyck, nés à Maesyck, dans la seconde moitié du xive siècle.

De ces premiers maîtres, inventeurs, croit-on, de la peinture à l'huile, des œuvres où l'expression naïve, la simplicité pittoresque, atteignent souvent au sublime dans une vérité ennoblie par l'éclat du coloris. De Hubert Van Eyck, notamment : *l'Ensevelissement de Jésus* (musée de Vienne); *Sainte Marthe* (musée d'Anvers); *l'Agneau mystique* (fig. 17 ; Saint-Bavon, à Gand) que termina Jean.

De Jean Van Eyck : *Vierge lisant dans sa chambre* (musée de Madrid); *les Saints Pèlerins* (musée Frédéric, à Berlin), des *Portraits d'homme et de femme* (musée Condé, à Chantilly), *la Vierge de Raulin* (Louvre), etc.

Roger Van der Weyden (1399 ou 1400-1464) devait, dans le sillon des Van Eyck, poursuivre la tradition religieuse, mais avec une âpreté physionomique particulière; témoin : *le Jugement dernier* (à l'hôpital de Beaune), *la Déposition de la Croix* (au Louvre) où s'apprécient, en même temps qu'un réalisme émouvant, une grandeur de pensée saisissante. Comme ses maîtres, Van der Weyden s'énonça dans les genres les plus divers et ses portraits sont d'une vie intense.

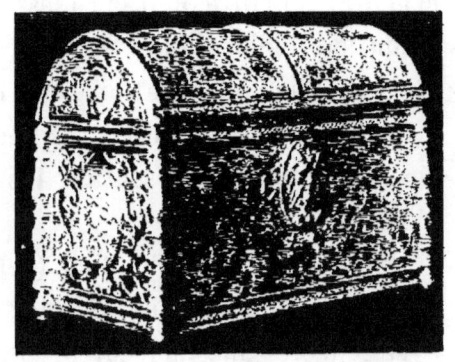

Phot. Jos. Casier.
Fig. 35. Chrismatoire, par Jacques Weens, travail gantois (1553), église Saint-Jacques, Gand. *(Art flamand.)*

Thierry Bouts (1410-1475), Hugo Van der Goes (vers 1420-1482) précèdent encore, à la suite des Van Eyck et toujours dans le sujet religieux, la sensibilité particulièrement élevée de Hans Memling. De Bouts (1), une *Légende de saint Pierre* (musée de Cologne); *la Rencontre d'Abraham et de Melchisédech* (musée de Munich), pages supérieures où le caractère moral des personnages domine leur vérité physique, suivant le genre du maître dont la rudesse du coloris confinait volontiers à la brutalité. De Van der Goes, le souvenir plutôt d'une collaboration dans la manière des Van Eyck avec qui il travailla, à Bruges, notamment pour des décorations représentant l'entrée de Marguerite d'York.

Puis, avec Hans Memling (vers 1435-1494), c'est la finesse, le charme et la pureté succédant à l'énergie avec, encore, une douceur de palette ignorée précédemment. Les vierges du peintre de la célèbre *Châsse de sainte Ursule* (hospice Saint-Jean, à Bruges) touchent à l'immatérialité. Leur beauté, a-t-on remarqué, n'a rien de plastique : les joues sont rondes, les pommettes saillantes; les fronts ont cette largeur qui défigurerait les déesses païennes, mais qui convient à des saintes. Quelle différence avec les madones de l'Italie ! Auprès d'elles, ces saintes du Nord paraîtraient sensuelles...

De Memling encore : *la Vierge aux donateurs* (au

---

(1) Nous citons ici Bouts *de Louvain*, dit aussi Thierry (ou Dirik) *de Haarlem*, peintre de l'école des Pays-Bas, dont la gloire appartient, en réalité, à la Flandre et à la Hollande.

Louvre, en-tête du chap. III) ; *la Translation de la châsse de sainte Perpétue dans l'église de Bouvignes après le siège et le sac de Dinant, en 1466* (musée Condé, à Chantilly), etc.

Avec Gérard David (1460-1523), avec Antoine Claeissens (XVe siècle) et Quentin Metzys (1466-1530) finit l'école directe des Van Eyck. Ces derniers maîtres, précurseurs de Rubens, inclinent aux influences de la Renaissance. *La Vierge et l'Enfant Jésus* (au musée de Rouen), dû à Gérard David, apparaît comme

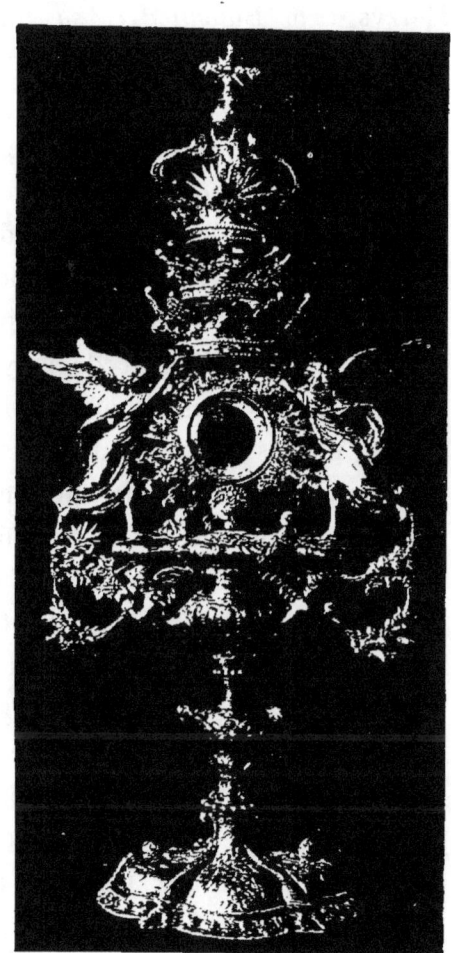

Phot. Jos. Casier.

Fig. 36. OSTENSOIR, par Jacques Moermans, travail anversois (vers 1672, église Notre-Dame, Rupelmonde). *(Art flamand.)*

son chef-d'œuvre. De Claeissens : un *Jugement de Cambyse* dont le sujet emprunte au goût italien; de Metzys : *le Banquier et sa femme* (au Louvre); une *Descente de croix*, où s'exagère le naturalisme innové à Bruges.

On ne saurait trop admirer, chez ces maîtres, la puissance et la pénétration géniales associées à la volonté d'une exécution proche de la miniature, où la sévérité s'adoucit dans le calme, où le pittoresque s'acquiert dans l'expression instinctive et rudimentaire, dans le sentiment de la vérité humaine. Le génie flamand choisit moins la forme que le génie italien; il pense moins haut si l'on veut, c'est-à-dire que son idéal s'éloigne de celui de Phidias et de Raphaël, mais quel accent dans le drame, quelle étonnante traduction de la douleur et de la sérénité ! D'ailleurs, l'art de l'Italie était loin d'équivaloir celui d'un Jean Van Eyck, à son époque.

D'autre part, si quelque exagération expressive et quelque crudité de couleur se glisse dans la manière flamande du début, combien les qualités de goût et de grâce y sont relevées avec avantage, comparativement aux primitifs allemands !

Mais nous voici à l'heure où les peintres flamands vont transposer leur rêve sous le ciel italien.

Nous touchons au XVIe siècle et l'école d'Anvers va maintenant diriger le mouvement artistique en absorbant les autres écoles flamandes. Jean Gossaert, dit de Mabuse (1470-1532), et Bernard Van Orley (vers 1492-1542), apparaissent cependant plus pieusement préoccupés de régénérer la flamme natale au pays de Dante que d'y sacrifier leur propre génie. Ils iront étudier Raphaël, mais avec la foi de mêler harmonieusement l'idéalisme italien au réalisme flamand. De Jean Gossaert, entre autres joyaux, un *Portrait de religieux* (au Louvre); *Neptune et Amphitrite* (au musée de Berlin); *Portrait du chancelier de Flandre Jean de Carondelet* (fig. 18). De Van Orley : *le Mariage de la Vierge* (au Louvre); *le Jugement dernier* (au musée

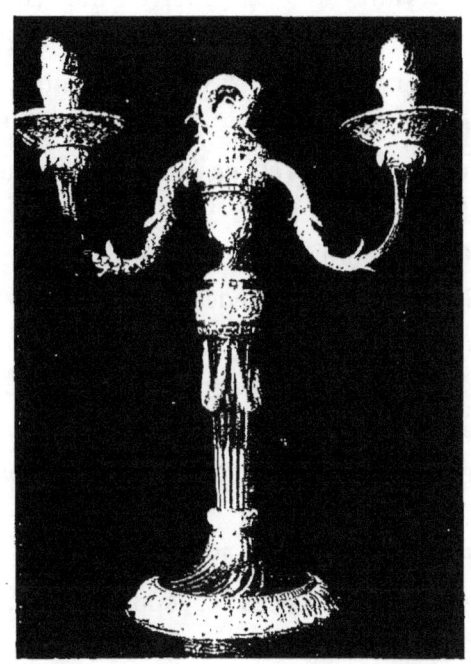

Fig. 37. FLAMBEAU A TROIS BRANCHES, par P.-J.-J. Tiberghien [1787] (M. Arnold de Kerchove d'Ousselghem, Gand). *(Art flamand.)*

d'Anvers). Ces deux peintres marquent, en réalité, la transition du nouveau style, en rupture de candeur et de mysticisme, dont se glorifiera l'école d'Anvers.

Avant de citer Pierre-Paul Rubens, qui secoua, d'une main libre et fière, les traditions qui allaient ruiner l'art des Pays-Bas, il nous faut mentionner encore Michel de Coxie (1499-1592), auteur notamment d'une *Mort de la Vierge* (au musée de Madrid); Franz Floris (1529-1570), dit le « Raphaël flamand », Otto Venius, Francken le Vieux (1544-1618) parmi les Flamands obsédés cette fois par la ligne italienne, au point d'y compromettre leur personnalité.

Néanmoins, malgré leur ambition de se mesurer avec Raphaël, Michel-Ange et Titien, ils n'atteignirent point à ces sommets; ils ne saisirent qu'un faux air de leur grandeur. D'où une décadence, tant en Flandre qu'en Hollande, d'ailleurs, après Memling et Lucas de Leyde, époque où parurent nombre d'œuvres remarquables et presque plus de pages immortelles. Mais, retardons encore l'apparition lumineuse de Rubens pour opposer aux pseudo-Florentins la fidélité des Van Cleef (1507-1557), des Porbus le Vieux (1540-1580), des Jean Snellinck (1544-1638), à la rude sincérité du passé que Breughel le Vieux (vers 1528-1569) et Téniers, plus tard, renouvelleront en pleine force originale.

Pieter Breughel, verveux initiateur des Ostade,

des Brauwer, des Téniers, dont les fils, Pieter le Jeune et Johann, poursuivirent la célébrité; le premier comme peintre des incendies, des feux du purgatoire et de l'enfer, et le second avec des représentations bibliques ou mythologiques, des scènes rustiques ou religieuses. Lignée célèbre qui s'augmentera des noms de Johann le Jeune, d'Ambros et de Johann-Baptist, jusqu'à un Abraham Breughel le Jeune, mort en 1720.

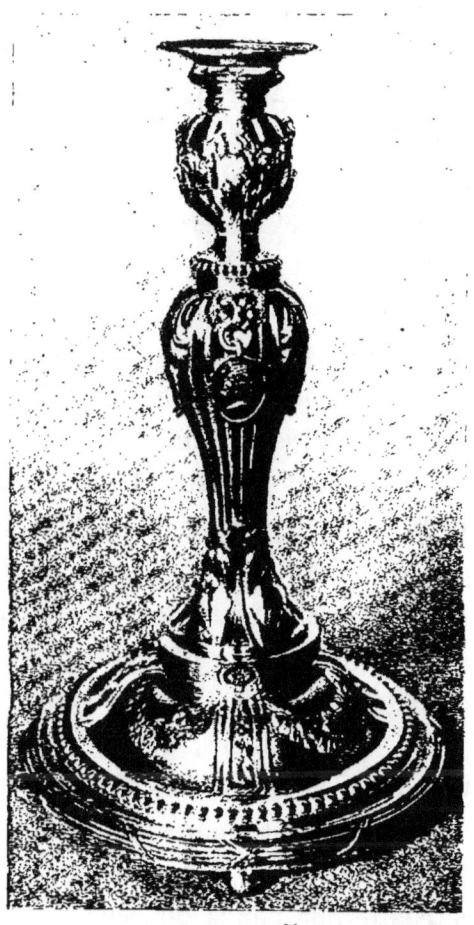

Phot. Jos. Casier.

Fig. 38. CHANDELIER, travail bruxellois (1777, M. Armand Goderus, Gand). *(Art flamand.)*

A l'appel de Pierre-Paul Rubens (1577-1640), le faste déborde alors, dans la vie intense ! C'est toute la Flandre opulente et joyeuse qui défile dans le poème de la chair exaltée. C'est le génie réincarné dans un décor, une lumière et une couleur dignes des plus grands maîtres italiens, mais avec le goût flamand à la base. Ce goût matérialiste qui masque, par exemple, à l'auteur de *la Descente de Croix* (fig. 19, cathédrale d'Anvers), l'élévation du sentiment, en évoquant des acteurs vrais. « Dans les tableaux de Rubens et de son école, écrit M. Clerc, il n'y a pas trace de christianisme ; le poupon de Van Dyck est un enfant robuste et indiscipliné ; la Vierge de Rubens est une plantureuse matrone tout heureuse d'être mère... » ; et Jacob Jordaens (1593-1678) accentua les défauts de son maître en lui empruntant sa palette, son habileté, sans avoir le mérite de l'originalité relevée par du génie.

Car chez Rubens, supérieur dans l'allégorie où la richesse de sa pâte onctueuse et dorée fait miracle, la qualité d'art impressionnerait davantage par la technique que par la pensée, par la vision amplement satisfaite que par la douceur de l'émotion ressentie. Rubens respire l'enthousiasme et la santé : il éblouit ; la distinction manque souvent à ce pinceau généreux, mais quelle puissance d'imagination dans la réalité ! Quelle faconde !

Antoine Van Dyck (1599-1641), comparé à Rubens, apporte en supplément à son maître le style qui lui manquait; il poursuit la traduction de la vérité, mais dans la distinction. Plus noble et plus savant, au surplus, moins fougueux, Van Dyck, sans qu'il porte ombre au génie de l'auteur magnifique de la *Vie de Marie de Médicis* (24 compositions pour la plupart au Louvre), offre l'agrément propre d'un parfum discret, l'oasis d'une sérénité classique.

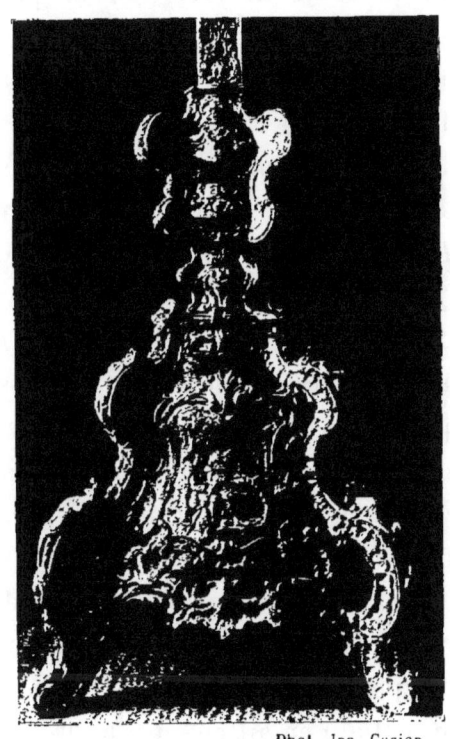

Phot. Jos. Casier.

Fig. 39. PIED DE CROIX d'un autel de saint Roch, travail gantois (1781, église Saint-Martin, Alost). *(Art flamand.)*

« L'école flamande s'était condamnée, par son principe, à descendre toujours de l'idéal au réel, de la poésie à la vérité. Si cette tendance fut fatale aux grandes pages produites à

Bruges, à Anvers, à Bruxelles, ne peut-on pas affirmer qu'elle fut favorable à l'œuvre de Van Dyck? En effet, si le naturalisme doit régner en toute force et en toute liberté, n'est-ce pas dans le portrait, pourvu que le peintre sache, comme Van Dyck, y répandre la lumière du soleil et la lumière de l'intelligence? »

Citons encore, parmi les œuvres maîtresses de Rubens : un *Christ mort* (au musée de Madrid); *l'Assomption de la Vierge* (cathédrale d'Anvers); *la Transfiguration* (au musée de Nancy); *la Marche de Silène* ; *l'Enlèvement des filles de Leucippe*, des peintures murales, chasses, kermesses, de nombreux portraits, où se résument avec virulence les remarquables qualités que nous avons dites, d'éclat, de mouvement et de grandiose; toutes les pompes du coloris dans l'abondance.

De Van Dyck, génie plus froid que le précédent, d'un charme et d'une perfection supérieurs; celui des peintres flamands qui eut le plus de style, sinon le seul qui en ait eu en Flandre : *la Vierge aux donateurs* (au Louvre); *Samson et Dalila* (au musée de Vienne); *Lamentation sur le corps du Christ* (au musée d'Anvers); *le Christ entre les deux larrons* (à Malines), etc., sans oublier des portraits admirables comme ceux de *Charles I*[er] (fig. 20, au Louvre); des *Trois enfants de Charles I*[er] (à Windsor); du *Duc*

LA PEINTURE ET LA GRAVURE EN FLANDRE   77

de Buckingham (à Hampton-Court), de *Lord John et lord Bernhardt Stuart*, du peintre par lui-même.

Élève de Rubens, aux chefs-d'œuvre duquel il collabora parfois, Van Dyck introduisit le sentiment, à la faveur du clair-obscur, dans le fini merveilleux de ses toiles; moins essentiellement virtuose de la pâte que son maître, s'il étudia avec profit le Titien, ce fut pour corriger la vérité par l'art sans jamais l'étouffer sous les ornements.

Entre Rubens et Van Dyck, la personnalité de Jordaens représente l'erreur en laquelle les premiers maîtres ne tombèrent pas. Jordaens accuse Rubens dans la truculence et le dépasse par l'audace de la chair adipeuse. Certes, *le Roi de la fève* (au Louvre); *le Roi boit* (au musée de Vienne), donnent toute satisfaction à la vue égayée

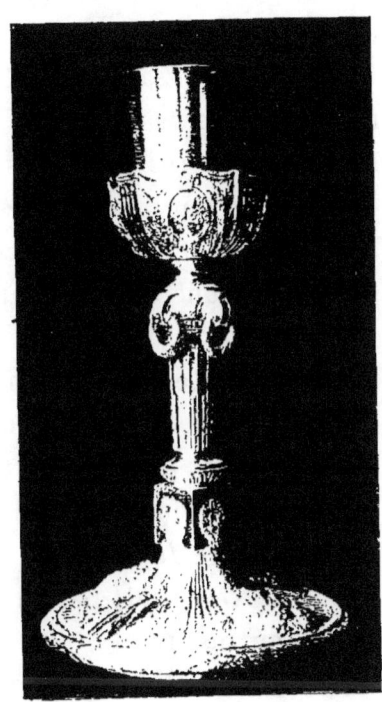

Phot. Jos. Casier.
Fig. 40. CALICE, travail athois (1781). Mgr Crooij, évêque de Tournay. *(Art flamand.)*

comme à l'adresse du pinceau, mais combien la qualité du goût défaille dans ces toiles puissantes, d'une joie grossière hélas ! et surabondante !

Jordaens, d'ailleurs, n'est à son aise qu'en ces évocations paillardes où les vapeurs de l'ivresse font un cadre nécessaire au débraillé, car les trognes rubicondes servent mal les représentants de Dieu, ses saints ou ses prophètes, et l'auteur des *Quatre Évangélistes* (au Louvre), de *Jésus parmi les docteurs* (à Mayence), offre ici la preuve d'un sentiment religieux particulièrement absent.

En revanche, le portrait de *l'Amiral Ruyter* (au Louvre) atteste un Jordaens rival de Rubens, dans le genre où Corneille de Vos, de l'école de Rubens encore, tient d'autre part, remarquablement, le milieu entre son maître et Van Dyck, tandis que *l'Enfance de Jupiter*, de Jordaens (au Louvre), rétablit sévèrement, par sa licence, les distances de l'élève au maître.

Néanmoins, Rubens et Jordaens (avec Gaspard de Crayer, autre disciple et imitateur du peintre de Marie de Médicis), toutes proportions gardées encore, du génie au métier, de la hardiesse au goût douteux, ne fleurent-ils pas davantage le sol flamand « bercé par les voluptés matérielles », sa race lourde, grasse et blonde, que Van Dyck, plus distant, plus élégant, plus italien ?

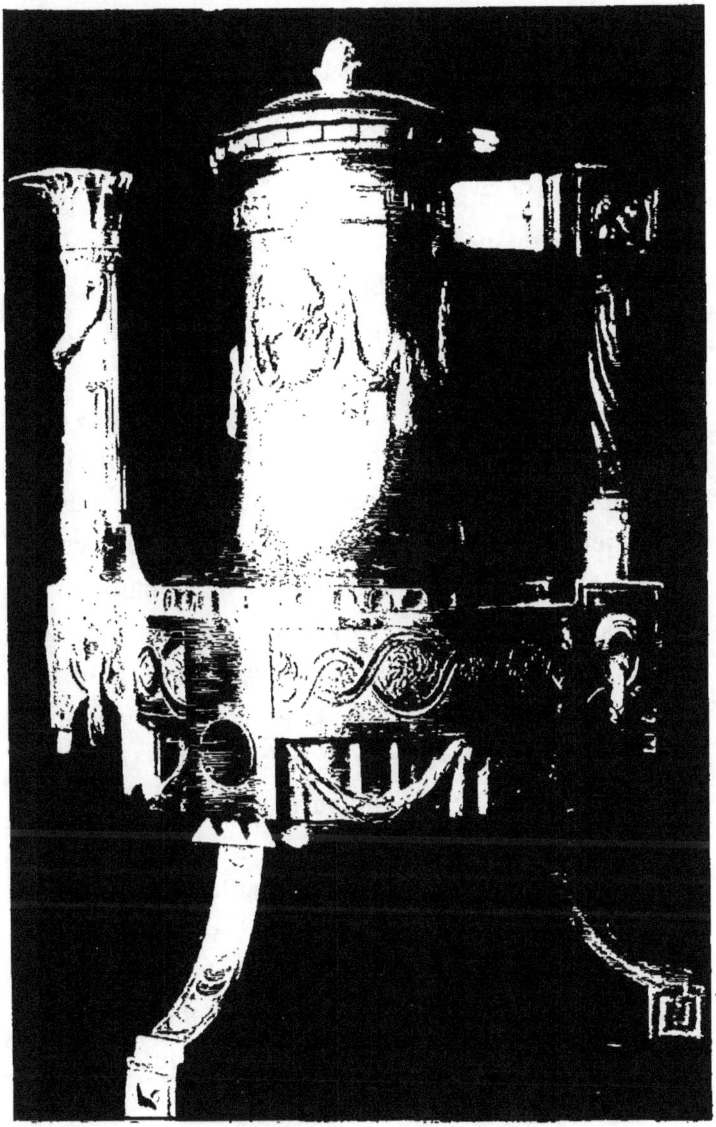

Phot. Jos. Casier.

Fig. 41. CAFETIÈRE en argent repoussé et ciselé; époque Louis XVI
(Chanoine Ed. de Buysscher, Gand). *(Art flamand.)*

Mais David Téniers le Jeune (1610-1694) va nous offrir une palette moins tumultueuse, plus malicieuse, moins prétentieuse aussi, toute différente. Téniers représente, dans l'art flamand, le réalisme précieux. Il enveloppera de charme ses petits tableaux « de genre » empruntés aux scènes familières et vulgaires. Il s'énoncera flamand au naturel dans la voie que Breughel le Vieux, avait précédemment tracée.

On doit à Téniers des scènes bachiques (dites *bambochades*), des fêtes villageoises, des « diableries », des intérieurs de cabarets, des paysages et aussi... des sujets religieux auxquels la finesse d'observation du petit maître n'eut point raison de se hausser. De Téniers, au Louvre : *l'Enfant prodigue* (fig. 21), *Fumeur, Cabaret, Danses de paysans* ; à Madrid : *Jeu de quilles* ; au musée de Dresde : *Corps de garde* ; à Bruxelles : *Départ pour le marché* ; des tentations de Saint-Antoine, des joueurs de cartes, des kermesses.

Rubens, Van Dyck et Téniers sont, au XVIIe siècle, les plus grands peintres de la Flandre et, à leur suite, nous admirerons encore les Porbus, le Jeune (1570-1622), les Corneille de Vos (vers 1585-1651), surtout comme portraitistes; les Jean Schut et Francken, le Jeune, dont la sensibilité vraie séduit dans le sujet religieux; les Paul Bril (1554-1626) qui

LA PEINTURE ET LA GRAVURE EN FLANDRE 81

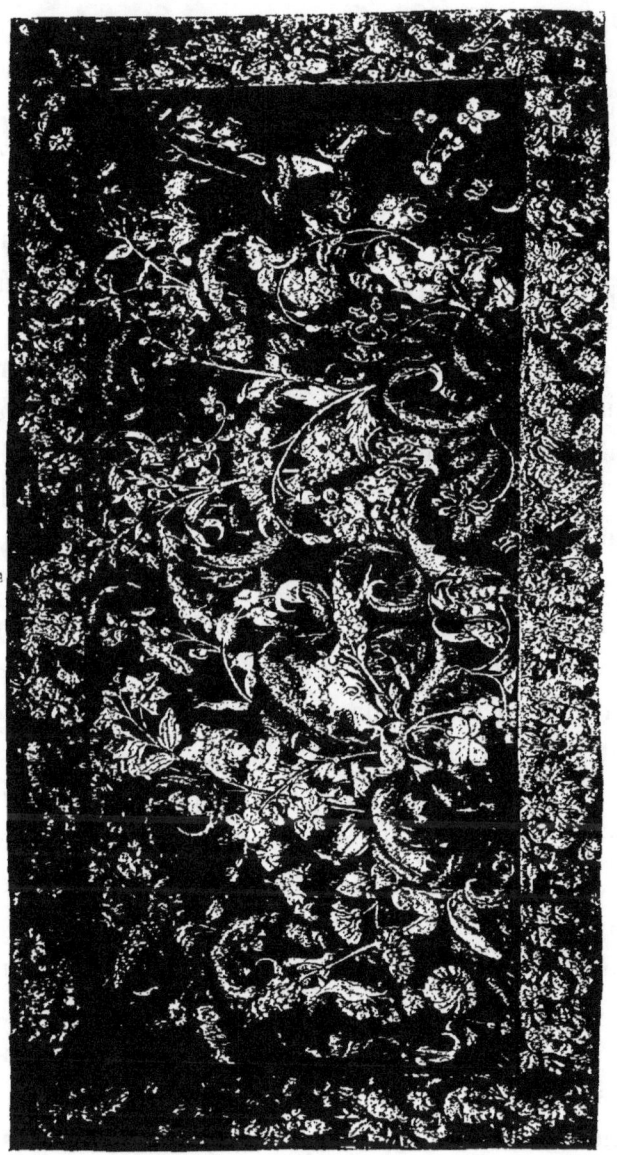

Fig. 42. VERDURE A FEUILLES DE CHARDON ET FLEURS, tapisserie flamande du XVIe siècle, M. Bacri, Paris. (*Art flamand.*) Phot. Jos. Casier.

inaugura excellemment la peinture de paysage avec Wildens (1584-1653), tandis que le genre animalier se révélait supérieurement avec François Snydners (1579-1657) et Jean Fyt (1609-1661), et que la peinture de fleurs et la nature morte affirmaient leurs spécialistes : Daniel Shegers (1590-1661) et Van Thielen (1618-1667), de même que les scènes de chasses : Pierre Bœl (vers 1625-1680?).

Mais la peinture de genre, où nous avons vu Téniers se distinguer, se développera surtout en Hollande, de même que le goût d'expression individuelle auquel les Flamands sacrifièrent avec une minutie, un brio du coloris et un esprit de la touche dont les Hollandais devaient suivre la trace.

Si la Renaissance flamande s'éteignit avant la fin du XVIIe siècle, le siècle suivant ne devait marquer en propre aucune réelle originalité en dehors d'un talent néanmoins considérable, et, au début du XIXe siècle, ce fut Louis David qui commanda à l'art classique, impersonnellement comme internationalement... J.-F. Navez (1787-1869), entre autres, représente avec distinction cette expression tendue.

Pour nous en tenir à notre plan, après les Henri Leys et Verlat, les Louis Gallait, les E. Wauters, les Alfred Stevens et F. Willems (ces deux derniers peintres si « parisiens » par leur carrière d'artistes, tout au moins), les Courtens, les Claus, les Fourmois, les Laermans et les Th. Van Rysselberghe, les Khnopff, les Léon Frédéric, qui honorent aussi, plus près de nous et avec une saveur flamande tou-

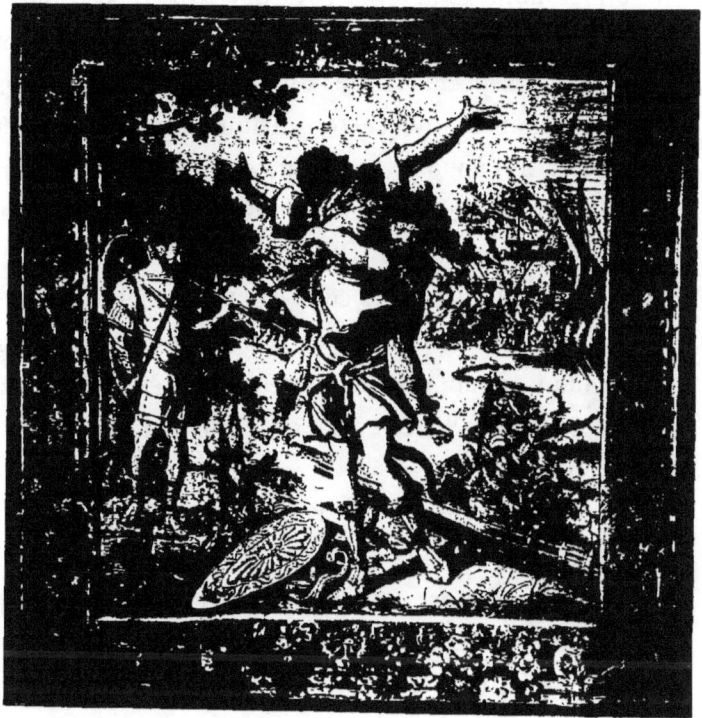

Phot. Jos. Casier.
Fig. 43. LUTTE D'HERCULE ET DU BRIGAND CACUS, tapisserie d'Enghien (XVIIe siècle). M. Schutz, Paris. *(Art flamand.)*

jours originale, l'art dont nous traitons, nous dirons quelques mots de la gravure.

Cependant, avant de quitter notre aperçu de la beauté picturale, particulièrement brillante en Flandre, au XVIIe siècle (où Van der Meulen [1634-1690], peintre de Louis XIV, se signale encore, avec des panoramas et vues topographiques), nous donnerons le nom de J. Van d'Arthois, d'Anvers, pour la curiosité de l'introduction des personnages dus au pinceau d'un spécialiste de la figure, dans les paysages. Van d'Arthois innova cette pratique de mutualité très répandue à l'époque où François Snyders, notamment, peignit des animaux, des fleurs et des fruits dans les tableaux de Rubens et de Jordaens, en échange des figures que ceux-ci avaient placées dans ses propres toiles. Et Van de Velde ne mit pas moins son talent, avec tant d'autres peintres hollandais, au service des Hobbema, des Ruysdaël, des Van der Heyden.

En attendant que nous retrouvions Mabuse parmi les ferronniers, nous nous imaginerons les anciens peintres flamands (et hollandais) empressés aux multiples expressions de leur art; du vitrail au carton de tapisserie, de l'enseigne au blason, de la peinture des sculptures aux plus modestes rehauts de couleur. C'est ainsi que l'exemple nous vient du passé pour exalter les arts encore fâcheusement qualifiés de mineurs!

En matière de gravure, le grand nom de Van Dyck, aquafortiste et même graveur au burin, ainsi qu'en témoignent les remarquables planches du maître

LA PEINTURE ET LA GRAVURE EN FLANDRE 85

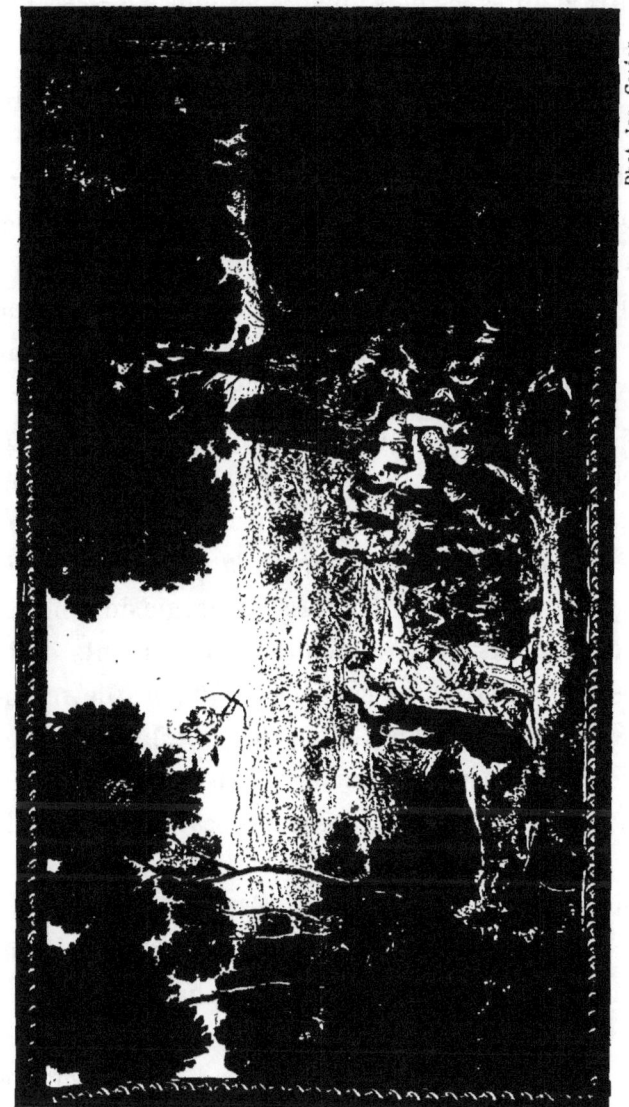

Fig. 44. DIANE ET l'ACTÉON (?), tapisserie de Bruxelles du XVIIIe siècle (M. Pol Boël, Bruxelles). *(Art flamand.)*

peintre d'après les personnages les plus considérables de son temps, domine dans l'expression originale.

Et, sans nous arrêter aux prémices de la xylographie flamande, antérieures au xvie siècle (vers 1440), représentées par un Pieter Cœck, d'Alost, les noms de Jérôme Van Aeken Bosch, dit « Bos » (qui, avec Van Ouwater compte parmi les premiers peintres à l'huile, en Hollande d'où il était originaire), de Lambert Susterman, d'Adrien Collaert, sont à citer au xvie siècle. Mais voici les Pierre Soutman, les Lucas Vorsterman, qui furent, au xviie siècle, les chefs de l'école de gravure que Pierre-Paul Rubens avait formée. Sous sa direction lumineuse, une révolution s'opéra. Le génie de l'auteur de *la Descente de croix* dressa, dans le sens de l'expression élargie du tableau, de l'interprétation de la teinte et des accents de la couleur, des burins susceptibles et dignes de reproduire ses propres chefs-d'œuvre. L'influence supérieure de Rubens se poursuivit jusqu'au début du xviiie siècle, pour perdre ensuite ses qualités originales dans l'expatriation du talent.

Mais ce sont les Hollandais, Rembrandt en tête, qui serviront de modèle à l'interprétation la plus sûre comme à sa manifestation la plus rationnelle : celle du créateur. Et la Hollande, gardienne de la suprématie de la gravure que, cependant, la maîtrise personnelle de Van Dyck avait assurée ainsi que l'école de Rubens, parallèlement, ne s'en dessaisira au profit de la France qu'après avoir quelque temps échangé ses artistes entre elle et la Flandre, en

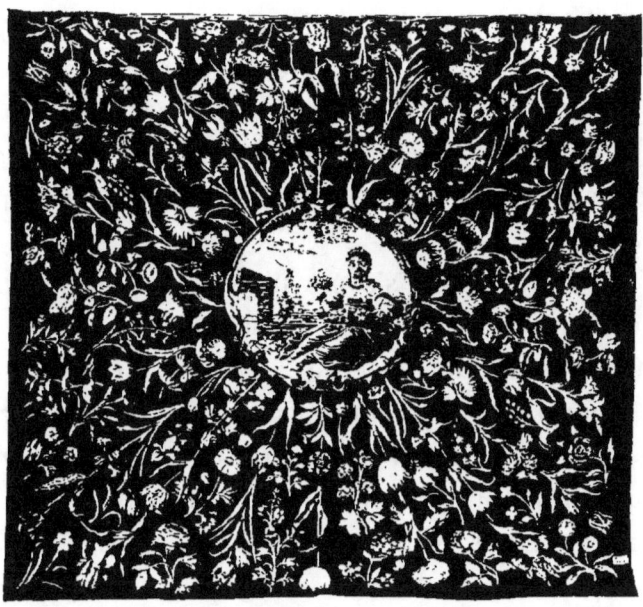

Fig. 45. TAPISSERIE (« Gobelins » hollandais), polychrome sur fond noir, milieu du XVIIe siècle (Ned. Mus. V. Gesch. En Kunst. Rijksmus. Amsterdam). *(Art hollandais.)*

décadence d'originalité à partir du XVIIIe siècle, avec les R. Van Audenaerde et les Van den Berghe.

Parmi les bons graveurs du XVIIe siècle, on retiendra encore : Paul Pontius, les Galle, d'Anvers; les Abraham et Nicolas de Bruyn, les Boetius et Schelte Bolswert, les Wierix; des Flamands et des Hollandais que l'ancienne communauté des deux pays réunit souvent aussi dans le passé de l'art que nous parcourons ici.

D'autre part, le célèbre graveur Gérard Edelinck (1649-1707), d'origine flamande, est revendiqué par la France, ainsi que Pierre Van Schuppen (1623-1702), le fils de ce dernier et Nicolas Pitau (1634-1676), de naissance flamande également et malgré qu'ils se réclament encore de l'école fondée par Rubens.

Et tout autant s'avère français le célèbre graveur en médailles Jean Varin qui, né à Liége en 1604, s'était, dès l'âge de 22 ans, établi à Paris où il mourut en 1672. Jean Varin, à qui François Varin, son fils, succéda en qualité de tailleur général des monnaies de France; Jean Varin, graveur en médailles des rois Louis XIII et Louis XIV, et dont les fils Joseph et Pierre-Amédée, des graveurs encore, mais sur cuivre, naquirent en France.

Pareille anomalie d'origine rattache essentiellement la personnalité de H. Goltzius à la Hollande, malgré qu'il soit natif de Mülbrecht (Allemagne) et parce qu'il fut élève de l'école d'Haarlem, ville où il mourut.

La haute personnalité flamande, enfin, de Félicien Rops (1833-1898), ne saurait être davantage séparée de Paris, où vécut ce peintre-graveur si **original**, de Paris qui fertilisa son génie à la fois spirituel et profond, douloureux et sensuel. Mais ce nom moderne vient d'échapper à notre plume...

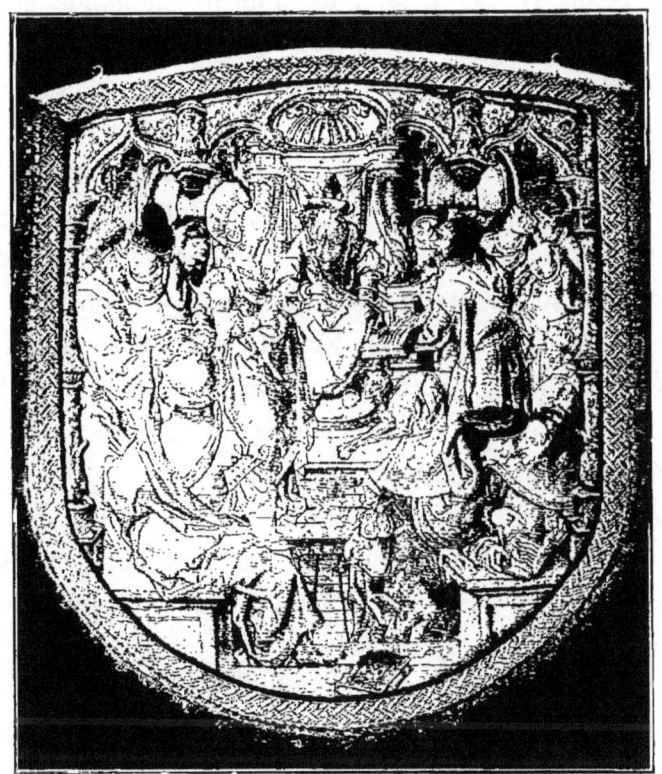

Fig. 46. Cape d'une chasuble, en soie et or; première moitié du xvi⁰ siècle. (Ned. Mus. V. Gesch. En Kunst. Rijksmus. Amsterdam). *(Art hollandais.)*

avec l'excuse, cependant, de clore ce chapitre en beauté.

* * *

Nous avons dit que la peinture flamande et la peinture hollandaise se confondaient (comme d'ailleurs souvent les peintres eux-mêmes) aux premiers temps.

L'analogie des deux expressions, avec aussi celle de l'Allemagne primitive, s'explique par la communauté de l'énonciation naïve et sèche des débuts, sur un sol longtemps commun ou circonvoisin.

Rubens marquera en Flandre, comme Rembrandt en Hollande, le point culminant du génie, et les petits maîtres comme Téniers trouveront en Brauwer, en Steen, leurs dignes émules.

D'où deux idéals plus ou moins élevés, suivant la visée hautaine ou modeste du pinceau, pour des résultats, en fait, aussi nobles l'un que l'autre vis-à-vis de l'art.

Mais en Hollande, l'art jaillira du protestantisme, c'est-à-dire d'une foi dépouillée de cet artifice somptueux qui a fait l'Italie glorieuse et rayonnante sur le monde entier. Et le réalisme dont un Rubens, dont un Van Dyck ne se fussent point accommodés essentiellement, séduisit entièrement Rembrandt, au point de le porter également aux nues.

La peinture religieuse sera donc bannie, en principe, de l'idéal hollandais, mais le génie de Van Rijn puisera dans la vérité sa flamme puissante, son idéal

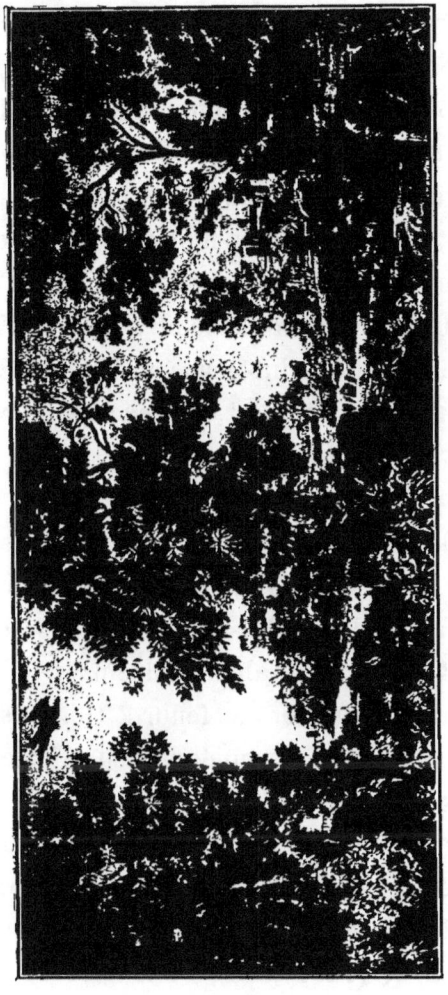

Fig. 47. Tapisserie (« Gobelins » hollandais), par Alexandre Baert, à Amsterdam, commencement du xviiie siècle (Ned. Mus. V. Gesch. En Kunst. Rijksmus. Amsterdam). (*Art hollandais*.)

d'émotion intime. Émotion concentrée, obéissant à des mœurs réfléchies, bornées à l'observation placide de la vie, à l'amour de la nature et des joies familiales. En un mot, l'art pictural hollandais s'accuse profondément original dans ce sens qu'il n'emprunte son inspiration ni à la religion, ni à l'histoire, ni à l'allégorie, pour demeurer néanmoins admirable.

Pourtant, dans la peinture primitive, jusqu'à Lucas de Leyde (inclusivement), créateur de la peinture de genre, l'art hollandais n'offre point de caractéristique propre. Il s'inspire des Van Eyck avec Karel Van Mander (cité comme le plus ancien peintre) et son élève Gérard de Saint-Jean; et Thierry Bouts, de même que Jean de Mostaert, sont encore imprégnés de la manière flamande du début.

Ensuite paraissent les italianisants : les Jean Schoorel (1495-1567), les Martin Willemsz, les Van Veen, dit Heemskerk (1498-1574), que l'on surnomma le « Raphaël hollandais », les Antonio Moro, les Cornelis Van Haarlem, Abraham Bloemaert, Pieter Lastman, Gérard Honthorst, Hendrik Goltzius, etc.

C'est une ère savante et quelque peu affectée, où les sujets religieux semblent mal adaptés à l'expression natale, non moins que la peinture historique traitée ensuite par les Thomas de Keyser, les Michel Van Mierevelt, les Jean Van Ravesteyn.

Lucas de Leyde (1494-1533), dont l'œuvre gravé (sur bois et sur cuivre) vaut particulièrement par la puissance de l'invention et la délicatesse du sentiment *(Histoire de la création de l'homme, l'Annonciation, la Conversion de saint Paul*, etc.), a produit, comme peintre, des pages d'une jolie couleur, d'un dessin un peu rude mais d'un modelé savoureux *(Hérodiade portant dans un bassin la tête de saint Jean-Baptiste ; portrait de Philippe de Bourgogne* [musée d'Amsterdam] ; *le Jugement dernier* [triptyque au musée de Leyde]), sans oublier des scènes familières.

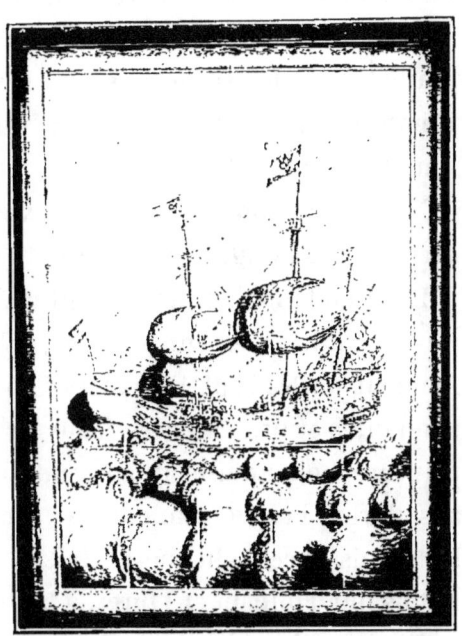

Fig. 48. Faience bleue de Delft, 1625 (Ned. Mus. V. Gesch. En Kunst. Rijksmus. Amsterdam). *(Art hollandais.)*

De Jean Schoorel : *Repos en Égypte; la Fille de Sion* (musée d'Amsterdam); *Mort de la Vierge* (à Bruges).
De Martin Willemsz : *Saint Maurice* (à Munich); *Martyre de saint Étienne* (à Rome).

Mais c'est avec Antonio Moro (1512-1575) que

s'ouvre la belle période de l'école hollandaise. Alors que Lucas de Leyde découvrait dans la gravure l'un de ses progrès les plus essentiels : le clair-obscur que Rembrandt devait servir miraculeusement, Moro instaurait le portrait avec des qualités de force, de gravité et de science sur lesquelles surenchérit Rembrandt, au xviie siècle, de toute la fougue de son génie animateur.

Nous n'en sommes point arrivé pourtant à célébrer un art indigène et naturel.

L'art hollandais éminemment réaliste et panthéiste, a-t-on judicieusement observé, n'a été créé qu'au moment où les sept Provinces-Unies devinrent indépendantes et protestantes. Tous les grands noms de la peinture hollandaise apparurent pendant cinquante ans, durant la révolution du xvie siècle. Et, tandis que la Renaissance italienne battait le plein de sa gloire, tandis que Holbein et Dürer, à la même époque, marquaient le triomphe de l'Allemagne, Lucas de Leyde, Jean Schoorel, Heemskerk n'apparaissaient que timidement au firmament de la peinture, en Hollande.

Mais, en attendant la venue radieuse de Rembrandt Van Rijn, au xviie siècle, nous reviendrons à Antonio Moro, pour citer parmi ses œuvres jalousement conservées dans les principaux musées et galeries particulières d'Europe, son *Bouffon des comtes de*

Benavente (à Madrid), le portrait de la fille du roi Henri VIII, d'Angleterre, et ceux de Sir *Francis Drake*, de *Grotius* et du *Nain* de Charles-Quint. Sans oublier les belles toiles du Louvre.

Voici qu'éclate maintenant le soleil de Rembrandt ! La lumière et l'ombre magnifiques associées dans le clair-obscur; la puissance et la vérité surhumaines !

« Chez les Italiens, c'est l'imagination et le sentiment qui les emportent jusqu'au génie; chez Rembrandt, c'est la pensée et l'analyse. Les Italiens sont plus éloquents, Rembrandt est plus profond. »

Rembrandt exprime la vie et donne de l'âme au

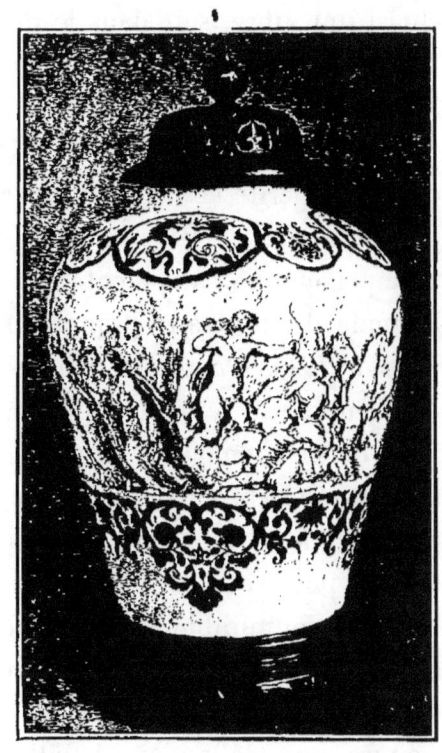

Fig. 49. Faience polychrome de Delft, fabrique de Hoppestein, 1700 (Ned. Mus. V. Gesch. En Kunst. Rijksmus. Amsterdam). *(Art hollandais.)*

métier. La technique de Van Rijn est superbe, sans nuire, bien au contraire, à la vie immatérielle du sujet choisi qui vibre, soit dans le mystère troublant des ténèbres, soit dans la clarté vigoureuse, par parties, au mieux de l'effet à produire.

Avec Rembrandt, avec Franz Hals, sous l'influence de la prospérité civile et du développement des corporations, des sociétés et confréries dont l'hôtel de ville personnifiait l'opulente importance, s'enregistre la mode des portraits groupés. *Les Syndics des drapiers, la Leçon d'anatomie* (cul-de-lampe du chap. III), de Rembrandt, servent plutôt de prétexte à une réunion de personnages « ressemblants » et, de même, *les Arquebusiers de saint Georges, les Régents de l'hôpital Sainte-Elisabeth*, de Franz Hals.

Bref, pour retourner à Van Rijn, à force de vérité ce peintre admirable devient sublime comme d'autres à force d'élévation. Certes, la Vénus florentine ne saurait être comparée à celle du musée du Louvre, une Hollandaise habillée des pieds à la tête (Rembrandt habillait même les anges !). La Vénus de Rembrandt est belle par l'éclat de la vie, par la sève et par la force. « Après l'idéal antique, après l'idéal chrétien, Rembrandt a trouvé l'idéal terrestre, l'idéal de la raison qui voit par l'œil simple; il a sculpté la personnalité humaine avec respect et avec amour. » Et la *Madeleine* du maître, qui n'est encore qu'une belle et simple Hollandaise, resplendit par la douleur et le repentir humainement traduits. Dans *les Pèlerins d'Emmaüs*, pareil désenchantement si l'on veut, vis-à-vis des modèles pris, et non choisis, par Van Rijn : ils sont laids et vulgaires, et pourtant quelle grandeur dans les expressions et attitudes de ces personnages ! Point de religiosité, sans doute, et cependant quelle ambiance de poésie et de mystère dans *la Descente de croix*, dans *l'Élévation !* «Rembrandt est loin de l'idéal chrétien, des figures détachées des fonds d'or du Giotto ou des paysages austères du Pérugin;

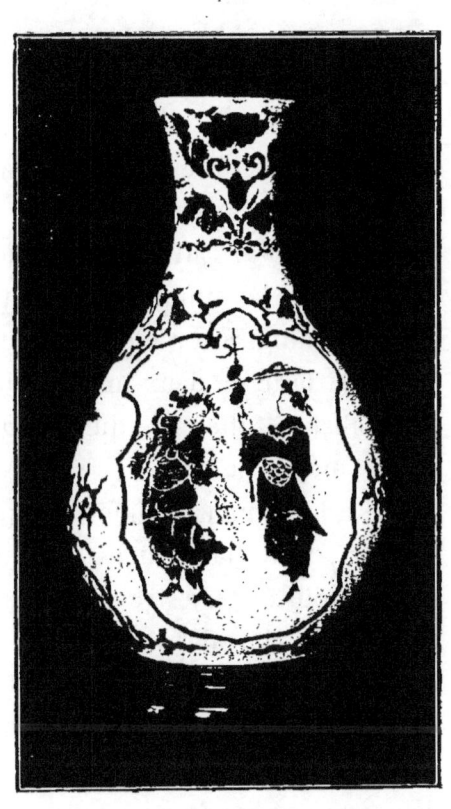

Fig. 50. FAIENCE POLYCHROME de Delft, fabrique de Rochus Hoppestein, 1700 (Ned. Mus. V. Gesch. En Kunst. Rijksmus. Amsterdam). *(Art hollandais.)*

mais il a sa foi comme les artistes les plus pieux du moyen âge et de la Renaissance. Il aime la nature sous quelque face qu'elle se présente. Elle est horrible; qu'importe! c'est la nature, une chose sainte et sacrée. »

On n'a point jugé trop sévèrement certains de ses tableaux d'histoire en les qualifiant de « suprêmes mascarades », mais de quelle robuste individualité ils témoignent! Entre la somptuosité orgueilleuse de Rubens et la simplicité caractéristique de Rembrandt, l'admiration n'ose se prononcer; et la preuve est ainsi faite de deux maîtres souverains épris d'un naturalisme différent, du tapage magnifique à la calme méditation.

Aussi bien, nous soulignerons que toute l'originalité de l'art, tant flamand qu'hollandais, réside en son optique plutôt terrestre que céleste. Et, d'ailleurs, le tableau de chevalet a remplacé modestement, dans les Pays-Bas, la vaste expression décorative. La dimension réduite de l'image, son sujet familier borné à l'ornementation de la maison, n'acquiert de grandeur que par l'art déployé et, si le portrait a pu être considéré comme une manifestation inférieure, ce n'est point aux portraitistes de l'école hollandaise que ce reproche s'adresse!

En l'absence de passé artistique, les Hollandais improvisèrent à leur goût de la vie ordinaire une beauté subordonnée à l'agrément du foyer ; ils répondirent simplement au luxe des amateurs auxquels ils dédièrent leurs tableaux de genre plus nombreux encore qu'en Flandre, et davantage accusés, aussi, en leur spécialité : du paysage à la nature morte; du sujet d'intérieur à la peinture des animaux.

La Hollande communie avec l'Angleterre dans l'amour de l'intimité. Ces deux pays doivent à l'art protestant leurs chefs-d'œuvre limités à des re-

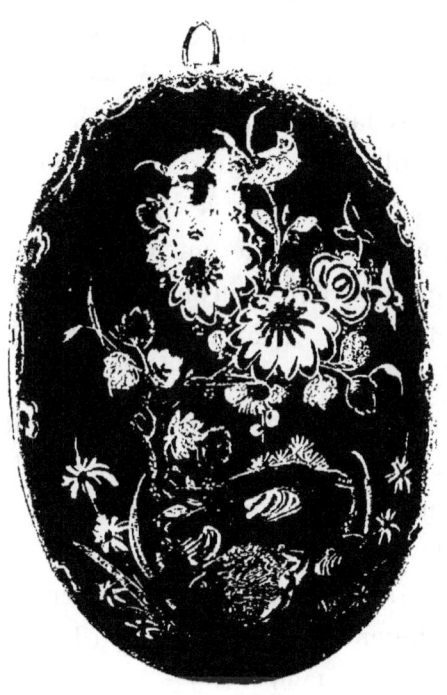

Fig. 51. FAIENCE POLYCHROME, sur fond noir, de Delft, 1700 (Ned. Mus. V. Gesch. En Kunst. Rijksmus. Amsterdam). *(Art hollandais.)*

productions vraies, à des représentations exiguës. Mais, si l'Angleterre affectionne, après le portrait, les expressions touchantes, la Hollande affiche volontiers son goût pour la trivialité. L'écueil fatal de l'inspiration prise à fleur du sol se dresse là, et encore Albion se heurte-t-elle à la pudibonderie que disculpent, en vérité, l'esprit et la malice hollandais.

Au surplus, pour le contraste poétique, la nature, en Nederland, prodigue ses fleurs aussi goûtées que sa peinture. La culture des tulipes et des jacinthes y est fameuse, tout comme les jardins en Angleterre, d'ailleurs... Point d'art statuaire en Hollande non plus qu'au pays de Shakespeare où la nudité effarouche alors que, au pays de Rembrandt, ce serait au contraire l'inconvenance habillée qui pourrait choquer... A la chaste nudité, source essentielle de la statuaire, les petits maîtres hollandais préfèrent aussi les scènes équivoques et, s'ils vêtent leurs personnages, c'est qu'ils n'attachent que peu ou prou d'intérêt aux charmes humains purement dévoilés, tandis que « le rouge de la honte » monte au front des Anglais à ce même spectacle ! Mœurs différentes, de la froideur à l'exubérance, de l'hypocrisie au cynisme.

Mais terminons notre courte notice sur Van Rijn, en citant parmi ses glorieux portraits où, comme chez Rubens, ce géant de la peinture affirme particulièrement son style : ceux du maître par lui-même et de sa première femme (le *Rembrandt vieillard* est au Louvre). Et, après *la Bethsabée* (au Louvre également), après *la Fiancée juive* (à Amsterdam), *la*

Suzanne au bain (à La Haye), *la Présentation au Temple*, etc., etc., un chef-d'œuvre entre tous : *la Sortie de la compagnie du capitaine Bahning Cock*, dite improprement *la Ronde de nuit* (à Amsterdam).

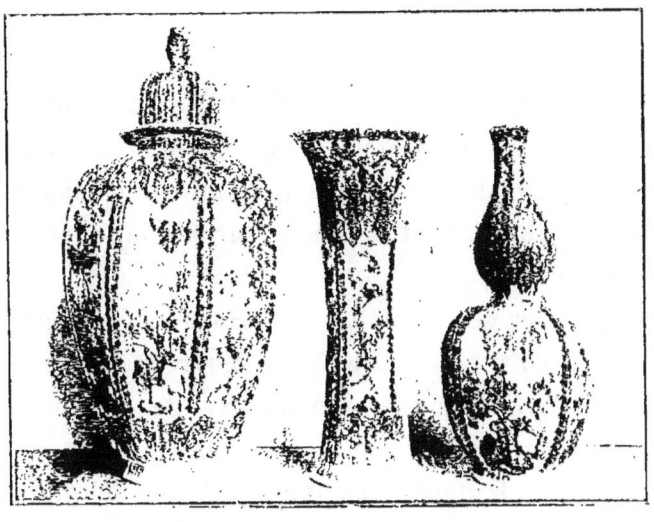

Fig. 52. FAIENCES POLYCHROMES, de Delft, 1700
(Ned. Mus. V. Gesch. En Kunst. Rijksmus. Amsterdam).
(Art hollandais.)

En qualité de graveur original, Rembrandt vaut autant d'être célébré. Pareille somptuosité individuelle; brutalité équivalente nuancée de délicatesse; même lumière et vérité éclatantes. « Sa pointe, c'est encore son pinceau tout baigné d'ombre et de lumière... Ses descentes de croix, ses portraits, ses sujets religieux et profanes, ses paysages, sont d'un effet magique par l'expression, l'énergie et la couleur. »

Quant à la quantité des planches dues à ce burin, elle en impose autant que les tableaux relevant de ce pinceau. Parmi les contemporains de Rembrandt Van Rijn, voici Bartholomeus Van der Helst et Franz Hals.

Van der Helst (1611 ou 1612-1670), portraitiste vibrant, coloriste harmonieux et dessinateur volontaire ; Franz Hals (1580-1666), portraitiste également, de grande allure, dont la touche hardie rappelle celle de Vélasquez.

Du premier de ces maîtres : *le Banquet de la garde civique* (à Amsterdam), un chef-d'œuvre où se vérifie la force particulièrement expressive de ce peintre remarquable dans la traduction des têtes et des mains. De Franz Halz dont nous avons indiqué déjà, plus haut, des pages capitales : *le Peintre et sa femme* (à Amsterdam), *Portrait de Descartes*, *la Bohémienne Hille Bobe* (au Louvre), *Gentilhomme et sa femme* (à Berlin).

Et puis ce sont les dignes élèves de Rembrandt, les Ferdinand Bol, les Karel Fabritius, Nicolas Maas, Arnold de Gueldres, particulièrement portraitistes.

Mais la venue des petits maîtres de l'école hollandaise va brusquer maintenant la gravité précédente, l'expression tendue se relâchera pour témoigner d'une autre beauté, simplement.

Ils se cantonneront dans l'anecdote, ces petits maîtres comme Gérard Terburg (vers 1608-1681) et Gérard Dov [1613-1675] (fig. 22); comme Gabriel Metzu (vers 1630-1667) et Franz Van Mieris (1689-1763), pour la traduction précieuse des scènes et

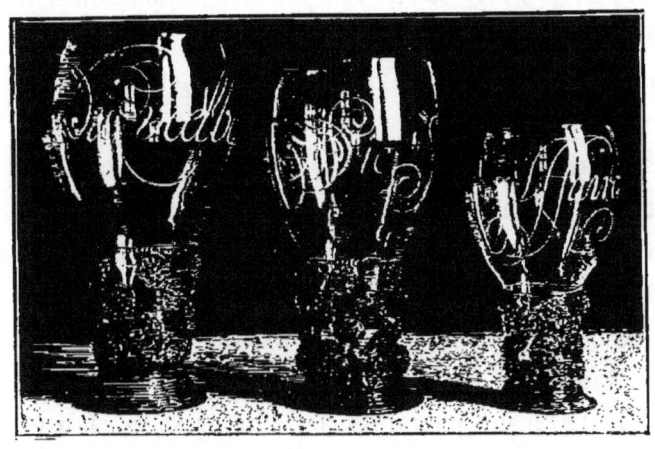

Fig. 53. VERRES GRAVÉS, première moitié du XVIIe siècle
(Ned. Mus. V. Gesch. En Kunst. Rijksmus. Amsterdam).
(Art hollandais.)

intérieurs de la vie bourgeoise; comme Adrien Brauwer (1608-1640), Jean Steen (1626-1679), Adrien Van Ostade (1610-1685), pour l'expression verveuse et précise des fêtes villageoises et des cabarets; comme Pieter Van Laer, dit « le Bamboche » (1595-1655), pour les milieux populaires.

Ou bien ils se complairont à la traduction du paysage, témoin (au XVIIe siècle) Van Goyen

(1596-1665), Pieter Molyn, Jan Wynantsz, Allart Van Everdingen, et surtout Ruysdaël (fig. 23) (1628-1682) et Meindert Hobbema (1638-1709). A moins que ces petits maîtres, qui s'appellent alors Paul Potter (1625-1654), Albert Klomp, Adrien Van de Velde, Albert Cuyp (1620-1691), n'affectionnent les vues garnies d'animaux, ou bien Van der Heyden, Emmanuel de Witte, Dirk Van Deelen, les sites parés d'architectures.

La marine, d'autre part, n'attirera pas moins les petits maîtres hollandais : Ludolf Backhuyzen (1631-1708), Willem Van de Velde, le Vieux (1633-1707), Renier Nooms, dit « Zeeman », notamment. Et, du côté de la nature morte : Jan David de Heem (1606-1684), Jan Van Huysum (1682-1749), Rachel Ruysch, Cornelis de Heem, parmi les petits maîtres spécialisés dans la représentation des fruits et des fleurs, excelleront; tandis que le gibier conviendra davantage au genre des Jan Weenix, des Melchior d'Hondecœter et que les ustensiles de ménage seront les modèles préférés des Willem-Klaasz Heda, des Jacob de Witt.

Autre spécialité des petits maîtres hollandais : les scènes belliqueuses où se complaira le talent des Palamedes, le Jeune, des Philippe Wouwerman (1619-1668), des Jean Asselyn.

Il faudrait écrire tout un volume sur cette manifestation si fraîche et si fantaisiste que ces noms évoquent ! Quelle sincérité, quelle minutie (parfois excessive), quelle gaîté débordante dans ces tableautins ! Combien il y aurait à dire pourtant, sur le choix fâcheux souvent, des scènes qu'ils représentent ; sur ces modèles et leur geste ! Combien ils aiment à braver le bon goût, ces plaisants conteurs, mais de quels atours prenants ils se parent, et dans

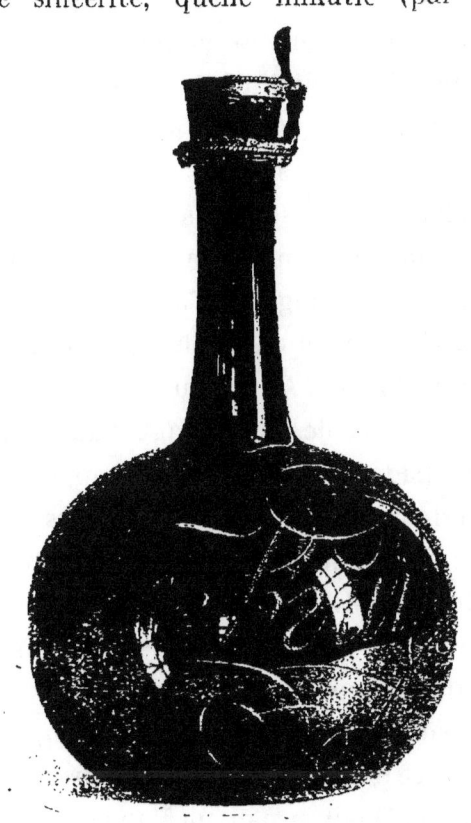

Fig. 54. FLACON, couleur verte, 1684 (Ned. Mus. V. Gesch. En Kunst. Rijksmus. Amsterdam). *(Art hollandais.)*

quelle exécution ils s'excusent ! En matière d'ironie comme de facétie, ces vieux Hollandais sont des grands maîtres ; s'ils déploient toutes les hardiesses, ils s'absolvent dans une technique si patiente, si convaincue, que notre pensée, captivée par le mystère pénétrant de l'observation, ne s'aperçoit point toujours d'un sujet tendancieux ou équivoque. On rit quelquefois ainsi d'un mot drôle que l'on n'entendit pas, parce que la joie attire la joie. Mais les peintres hollandais, lorsqu'ils s'appellent Ruysdaël (fig. 23) ou Hobbema, nous imposent un sentiment de grandeur qui change de l'amusement. Ruysdaël, imaginatif et impétueux, plus poétique mais moins vrai qu'Hobbema. Albert Cuyp, Paul Potter, Backhuysen, Van de Velde, parmi tant d'autres interprètes de la campagne et de la mer, échappent encore, avec les Terburg, le peintre des délicates « conversations », les Metzu, les Jean Steen, aux intérieurs exquis, les Dov, les Mieris, si méticuleusement précis dans leurs sujets bourgeois, et tous ces fins ciseleurs, aussi patients que des graveurs, au soupçon d'un idéal rabaissé. C'est là de la perfection, de la beauté cristallisée dans l'amour de la facture, représentées encore par un Wouwerman, un Van der Heyden, un Snyders.

Mais, au fait, les plus grands peintres hollandais furent de remarquables graveurs! Les eaux-fortes de Ruysdaël, de Paul Potter, de Cuyp, de Ferdinand Bol, de Van der Eeckhout, de Van Goyen, sont des merveilles au xviie siècle; et le burin ne triomphe pas moins avec les Van Dalen et les Visscher.

Et nous avons vu, au xvie siècle, la pointe de Lucas de Leyde inséparable de son pinceau, et nous avons dit la valeur particulière des planches de Rembrandt, attaquées avec une largeur et une cha-

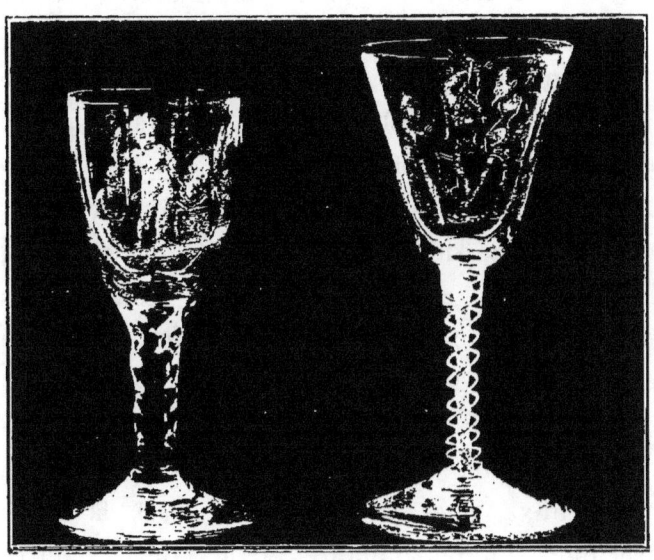

Fig. 55. VERRES GRAVÉS, deuxième moitié du xviie siècle et fin du xviiie (Ned. Mus. V. Gesch. En Kunst. Rijksmus. Amsterdam). *(Art hollandais.)*

leur d'où résultent une couleur et une expression inimitables.

Entre ces éminentes personnalités, brillent encore celles de Cornelis Cort, mort à Rome où il avait ouvert une école d'où sortit Annibal Carrache, en 1578, et Hendrick Goltzius (1558-1616), meilleur graveur que peintre, avec son élève J. Müller et Abraham Bloemaert (1564-1651) qui, dans la variété de ses tailles, atteignit originalement à l'illusion de la couleur tout comme Van Rijn trouva, dans la liberté de son trait, sa géniale personnalité. Les fils de Bloemaert, Cornelis surtout, sont inséparables de leur père auprès duquel s'inscrivent encore Adam Bolswert (1580-1633) et, plus tard, Jacob Houbraken (1698-1780).

L'école de gravure hollandaise fleurit particulièrement au XVIIe siècle, sous la pointe des peintres, puis, au XVIIIe siècle, la valeur des planches partage l'altération de la grandeur picturale, malgré que le nom des Coclers, des Burghers, des Exshaw (d'origine irlandaise), soit encore considérable. Ensuite, au XIXe siècle, les artistes se mettent aux gages des libraires; c'est la décadence dans l'impersonnalité et le labeur, contre laquelle luttent encore avantageusement les Kobell, les J.-W. Kayser, les C. Forsell. On retiendra la coïncidence de la gravure *originale*, c'est-à-dire exécutée en propre par l'auteur du tableau, avec la période la plus remarquable de la peinture. D'ailleurs, les maîtres qui nous occupent ne doivent rien à l'œuvre d'autrui.

L'art, non plus que l'idéal étranger, ne les fascina (à l'exception de Cort et de Cornelis Bloemaert, qui terminèrent leur carrière en Italie). Du moins, les peintres nomades hollandais, les Karel Dujardin, les Nicolas Berghem (1620-1683) semblent-ils plutôt avoir égaré leur native sincérité, leur touchante naïveté, dans la traduction des sites italiens. Nous

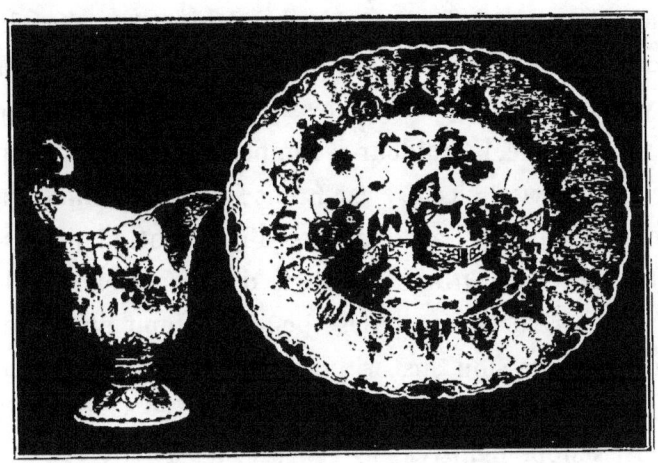

Fig. 56. Faïence polychrome de Delft, fabrique d'Adriaen Pynacker, 1700. (Ned. Mus. V. Gesch. En Kunst. Rijksmus. Amsterdam). *(Art hollandais.)*

préférons les peintres hollandais sédentaires, absorbés dans leur nature, rêvant dans la dune et la plaine où broutent leurs animaux paisibles. Cette plaine verdoyante où des canaux réfléchissent, en leurs eaux tranquilles, le contraste des moulins à vent déchaînés.

Pour terminer cet aperçu de la peinture et de la gravure au pays des tulipes, il nous reste à parler du XVIIIe siècle, qui accusera, précisément, l'influence pernicieuse des écoles étrangères.

Gérard de Lairesse (1641-1711) entraînera dans son admiration pour Le Brun ses disciples et compatriotes : les Adrien et Pieter Van der Werff, les Nicolas Verkolie, les Philippe Van Dyck (le « Petit Van Dyck »), les Louis de Mons, les Arnold Boonen, qui s'efforceront à l'allégorie, aux sujets mythologiques et historiques, sans autre résultat que le maniérisme, la froideur et l'impersonnalité. Puis, au début du XIXe siècle, c'est Louis David qui imposera son modèle. Et l'académisme d'importation ne servira guère davantage le talent des Ezéchiel Davidson, des Kruseman et des Pieneman, non plus que, dans l'expression historique et religieuse celui des Portman, Taurel, Calisch, Schwartz, P. Gabriel et C. Bisschop, peintres de genre.

Cependant, Strœbel, Ten-Cate, Paling, Joseph Israëls, notamment, demeurent fidèles à la tradition natale, tandis que Mesdag, Veerver, Swift, Melis, A. Mauve, Hubert Vos, Willem Maris, entre autres contemporains, demandent plutôt leur inspiration à la France et que Alma-Taddema appartient à l'école anglaise, alors que Ary Scheffer (1795-1858) et son frère Henri (1798-1862), bien que nés le premier à Dordrecht et le second à La Haye, sont inséparables de l'art français.

Après cette dernière énumération, fatalement écourtée, des peintres hollandais de mérite, nous touchons à l'époque moderne où se borne notre étude.

Le style de l'art néerlandais a maintenant perdu, depuis la fin du XVIIe siècle, sa personnalité la plus attachante.

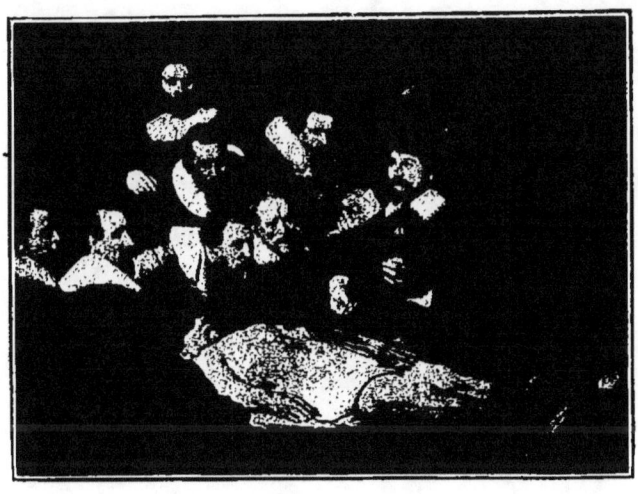

La Leçon d'anatomie,
par Rembrandt Van Rijn (musée de La Haye).
(École hollandaise.)

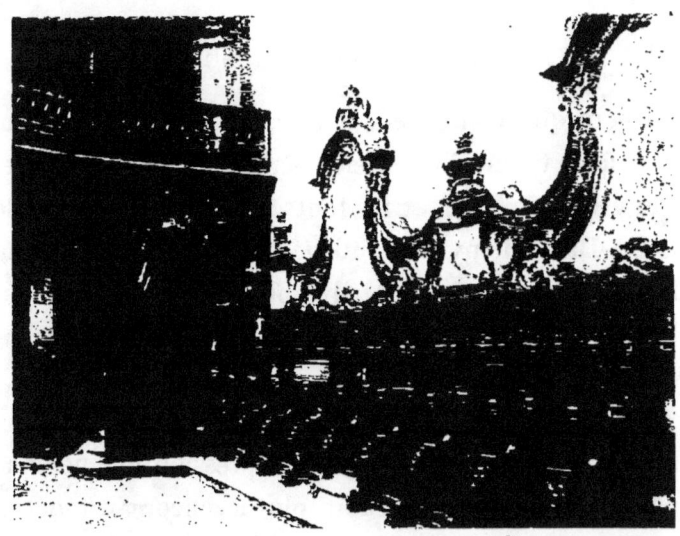

Phot. Jos. Casier.

STALLES EN BOIS SCULPTÉ, surmontées de panneaux peints par Van Reyschoot (ancienne abbaye de Dooreseelo, XVIIIe siècle, Gand). *(Art flamand.)*

CHAPITRE IV

La Sculpture en Flandre et en Hollande.

Si loin que l'on remonte dans les ténèbres de la sculpture naïve et utilitaire appliquée à la parure des églises flamandes du moyen âge, les noms de Erambert, abbé de Vaulfort (1050), et de son élève Rodulfe, de Adelard, abbé de Saint-Trond (1055), n'indiquent que des œuvres probables. Pourtant, un ouvrage authentique, conservé au trésor de l'église de Tongres, certifie le talent d'un ciseleur-émailleur : Jehan Josse, qui vivait en 1026, et les fonts baptismaux de l'église Saint-Barthélemy, de Liége, attestent aussi une beauté exactement attribuable (vers 1112) à un Lambert Patras, ciseleur et fondeur de cuivre, originaire de Dinant.

Cependant, au xive siècle naît une statuaire plus souple et plus vivante dans l'expression des personnages. Mais elle procédait plutôt encore du décor architectural dont relevaient ces châsses merveilleuses inspirées par l'orfèvrerie (lorsqu'elles n'étaient pas ciselées dans le métal), au bois et à la pierre, ces jubés et tabernacles, ces tombeaux et stalles qui ornaient les édifices religieux.

Aussi bien les « maisons de villes » prenaient leur part de cet hommage du ciseau pour la décoration de leurs plafonds et de leurs cheminées, malgré que la peinture ait eu des débuts plus brillants que la sculpture dans les villes offertes communément pour berceau aux deux arts : Bruges, Gand, Tournay, Audenarde, Louvain, etc.

Bruges fut sans doute particulièrement témoin de la manifestation parallèle de cette double expression qui réunit des praticiens du bois, du marbre et du bronze aux côtés des Van Eyck. Mais il ne nous est demeuré comme certaine, aucune œuvre statuaire de l'époque contemporaine des prémices de la palette, alors que la fin du xive siècle nous révélera, parmi tant de beautés anonymes, le génie de Claux Sluter

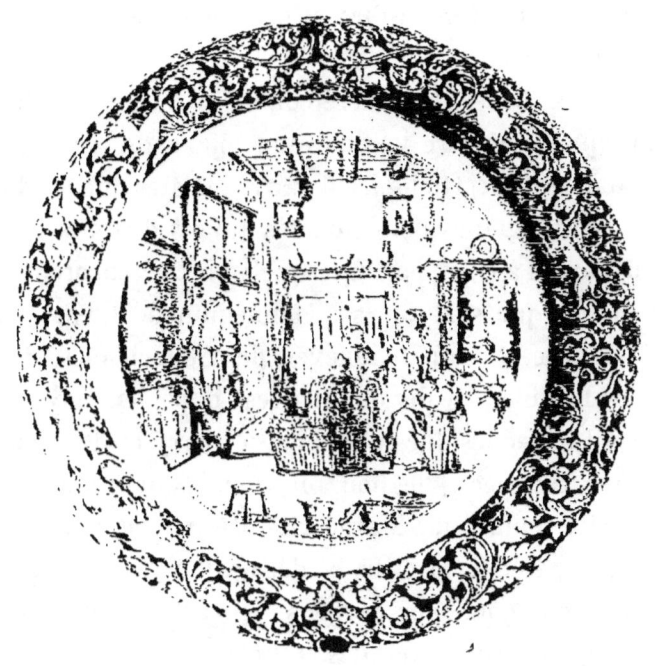

Fig. 59. FAIENCE BLEUE de Delft, fin du xviie siècle, fabrique d'Adriaen Pynaeker (Ned. Mus. V. Gesch. En Kunst. Rijksmus. Amsterdam). *(Art hollandais.)*

qui fut « ymaigier » du duc de Bourgogne, vers 1390. Claux Sluter, d'origine flamande ou hollandaise, eut pour collaborateurs à ce chef-d'œuvre son neveu Claux de Vausonne et Jacques de Baerze ou de la Barse. De Claux Sluter, encore, qui avait été chargé des principaux travaux de sculpture de la Chartreuse de Champmol, *le Puits de Moïse* (fig. 24), l'un des plus beaux spécimens de l'art affranchi de la convention monastique, c'est-à-dire proche de l'esprit de la Renaissance.

Claux Sluter, considéré comme le maître de l'école dijonnaise, encore vaillante au milieu du xve siècle, appartient à cette lignée de rares artistes que les ducs de Bourgogne avaient mandés auprès d'eux, à la fin du moyen âge, et parmi lesquels on cite encore, tant peintres que sculpteurs : Hennequin de Liége, Van de Werve, André Beauneveu de Valenciennes, Jean de Marville, Jean de Bruges, qui s'employèrent ensuite avec les ducs d'Anjou, de Berry et d'Orléans.

Au xve siècle, le bon roi René poursuivra cette transition ainsi que Marguerite d'Autriche, plus tard, au xvie siècle, lors de la décoration de l'église de Brou, où nous apercevrons des artistes flamands mélangés encore avec des français.

Et, jusque dans le midi de la France (sculptures du chœur de la cathédrale d'Albi), jusqu'en Italie même (à Saint-Jean-Saint-Paul de Venise, où Albert de Brulle représenta *la Vie de saint Benoist)*, les Flamands sont sollicités aussi, tandis que Pieter Van Oost sculpte le plafond de l'hôtel de ville de Bruges et que Jean de Liége, avec Claës de Bruyn (ou Mathieu de Waeyer, en 1540), fouillent précieusement les boiseries et les stalles de la Chartreuse de Dijon et de Sainte-Gertrude de Louvain.

Nous en arrivons au xvᵉ siècle où les Lambert Horne, les Erasme Dellepierre, les Gérard de Felem, entre autres, ne se rattachent que nommément à l'histoire de la sculpture. Alors s'accusent dans le style flamboyant les joyaux admirés au siècle précédent. C'est le triomphe de la broderie, du bois et de la pierre

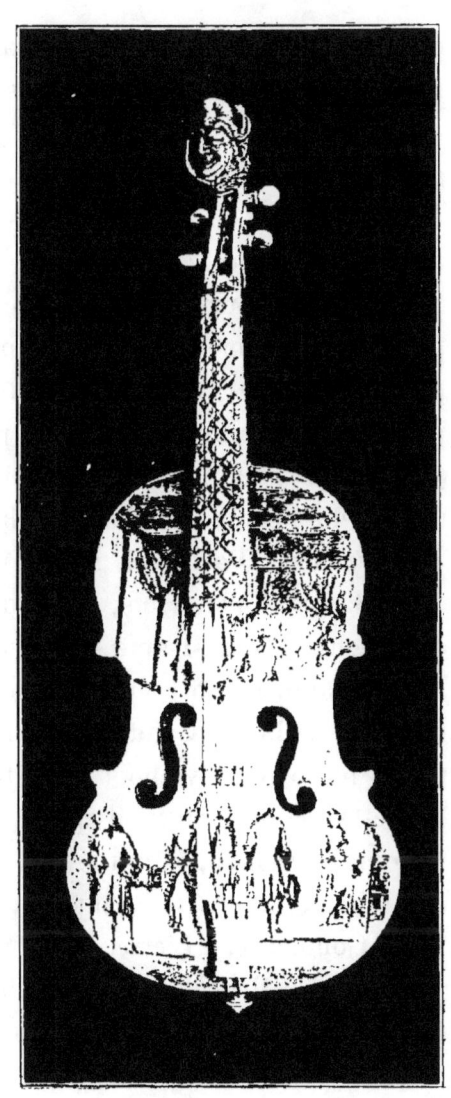

Fig. 60. FAIENCE BLEUE de Delft, xviiiᵉ siècle (Ned. Mus. V. Gesch. En Kunst. Rijksmus. Amsterdam). (Art hollandais.)

ouvragés dont profitent abondamment les tabernacles, les stalles de chœur, souvent relevés de couleurs (pour les personnages) et de dorures, au goût de l'époque, ainsi qu'en témoignent déjà les figures du *Puits de Moïse* que Jean Mahuel ou Malouel avait traitées de la sorte.

Lierre, Walcourt, Aerschot, Tongerloo et Louvain présentent des modèles de cette profusion à laquelle participent tant de riches clôtures pour églises, peintes ou dorées, en bois et pierre, en marbre, albâtre et cuivre, tant de miraculeuses chaires (celles de l'église de Saint-André, à Anvers, par Jean-François Van Geel, né à Malines en 1756, et Jean-Baptiste Van Hool, natif d'Anvers, en 1769; de l'église Notre-Dame d'Anvers, sculptée par Michel Van der Voort, en 1713; de l'ancienne abbaye de Dooreseelo, à Gand, surmontées de panneaux peints par Van Reyschoot [en-tête du chap. IV]; de Notre-Dame de Bruges, d'après les dessins de Jean-Antoine Gaeremyn, au xviiie siècle, notamment), tant de radieux jubés (celui, entre autres, de l'église de Saint-Gommaire, à Lierre, exécuté en 1635 par Henri Van Prée, de Bruxelles), tant d'éblouissants retables (ceux des églises Saint-Martin, de Hal, d'Hemelveerdegem (fig. 25), de Saint-Léonard, à Léau, de Saint-Dymphe, à Gheelde, etc.).

Des petits monuments commémoratifs prépareront

ensuite la transition entre les délicieuses ornementations précédentes et la sculpture des tombeaux. Ils sont en pierre et marbre, en chêne sculpté avec décor de peintures et de dorures, et s'adossent joyeusement

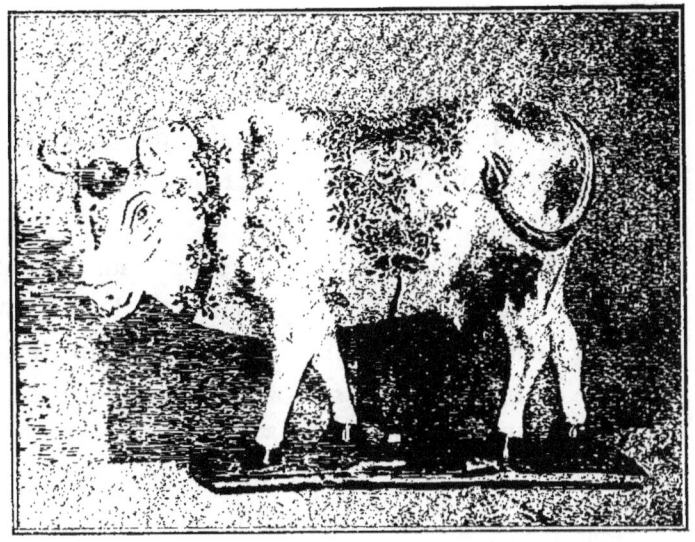

Fig. 61. FAIENCE POLYCHROME de Delft, XVIIIe siècle
(Ned. Mus. V. Gesch. En Kunst. Rijksmus. Amsterdam).
(Art hollandais.)

au mur grave des églises, voisinant avec des polyptyques d'ivoire peint.

Parmi les tombeaux, celui de *Marie de Bourgogne* nous donnera avantageusement le nom de Pierre de Baker, de Bruxelles, auteur de cette œuvre délicate entre 1495 et 1501; et, dans la même église, Notre-Dame de Bruges, figure aussi, mais pour moins d'agrément, le monument funéraire de *Charles le Téméraire* dû à Jacques Jongelinex ou Jonghelinck, mort en 1606.

Autres mausolées, ceux : de l'*Archiduc Ernest* (église collégiale des Saints-Michel-et-Gudule, à Bruxelles), par Robert de Nôle (originaire d'Utrecht et dont la dynastie produisit aussi de nombreux ouvrages dans les églises de Flandre) ; d'*Antoine de Lalaing* (chœur de l'église Sainte-Catherine, à Hoogstraeten), du xvie siècle.

Si, au début du xvie siècle, la valeur d'un Conrad de Malines n'apparaît qu'hypothétique, il n'en est point de même de Guyot de Beaugrant, auteur de la fameuse cheminée en bois sculpté du palais de Justice de Bruges, dite cheminée *du Franc*, sur les dessins de Lancelot Blondeel. La légende veut que Beaugrant, condamné à mort pour on ne sait quel méfait, ait obtenu la vie sauve grâce à ce chef-d'œuvre auquel il travailla de 1518 à 1529. Le bon goût de l'arrangement et la perfection de ce monument délicat de sculpture et d'architecture, tout à la fois, ne sauraient se décrire.

Dans ce concert de la préciosité, le nom de Quentin Metzys pourrait reparaître, mais nous nous réservons de vanter le chef-d'œuvre de ferronnerie du grand peintre, son puits d'Anvers, au chapitre des arts appliqués.

De la Renaissance encore, datent le riche portail de l'hôtel de ville d'Audenarde, le jubé de la cathédrale de Tournay et nombre de formes et formules

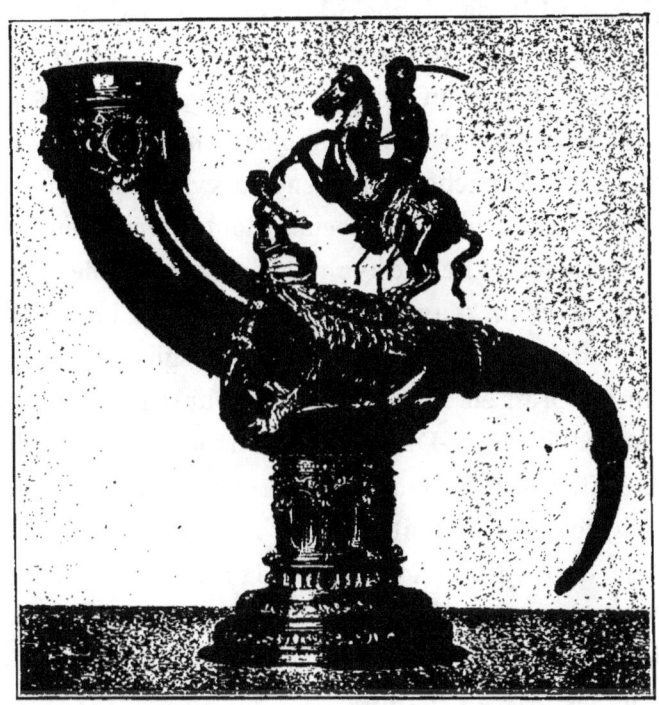

Fig. 62. Gobelet hollandais, en argent, 1506
(Ned. Mus. V. Gesch. En Kunst. Rijksmus. Amsterdam).

nouvelles auxquelles les Lancelot Blondeel, à Bruges; les Lecreux, à Tournay; les Floris, à Anvers; les F. Borset, à Liége; les Pierre Coecke, d'Aloost (auteur de la superbe cheminée de l'hôtel de ville d'Anvers) apportèrent le miracle, le plus souvent mystérieux, de cette flamme généreuse qu'ils partageaient avec la France mais non sans originalité.

Les noms de Van Beughem et d'Alexandre Colins (1526-1612), de Malines; le premier qui s'employa à la décoration merveilleuse de l'église de Brou, en France, le second qui fut statuaire de l'empereur Ferdinand Ier et produisit particulièrement pour la maison d'Autriche, dépendent du xvie siècle ainsi que le Montois Jacques Dubroeucq (dont le Douaisien Jean de Bologne fut l'élève avant de devenir celui de Michel-Ange avec un œuvre particulièrement italien), Urban Taillebert, sculpteur des stalles de l'église Saint-Martin d'Ypres, en 1588, et Plumier, auteur de la belle chaire de Notre-Dame de la Chapelle, à Bruxelles, exécutée en 1512. Mais, à ce dernier siècle, les troubles religieux accentuent l'exode des artistes flamands déjà si volontiers nomades, et la sculpture, délaissée, retarde ses progrès jusqu'à l'apparition de Rubens dont la gloire, au xviie siècle, fut une aubaine pour tous les arts en Flandre.

François Duquesnoy (né à Bruxelles vers 1594, mort à Livourne en 1643) et son frère Jérôme (1612-1654) comptent parmi les meilleurs champions de cette rénovation influencée par le maître d'Anvers. Citons, de François Duquesnoy (dit « François Flamand », en France, et « Francesco Fiamingo », en Italie) : *la Justice* (chancellerie de Bruxelles); *Deux*

Anges (portail de l'église des Jésuites); *Apollon et Mercure* (groupe de bronze); *Silène endormi et entouré de jeunes garçons*, son chef d'œuvre, moins populaire cependant que le fameux *Manneken-pis*; sans oublier une nombreuse collaboration à Rome (la plupart des ornements du « baldaquin » de l'église Saint-Pierre) et à Naples.

De Jérôme Duquesnoy un œuvre moins gracieux que celui de son frère mais d'une qualité aussi remarquable,

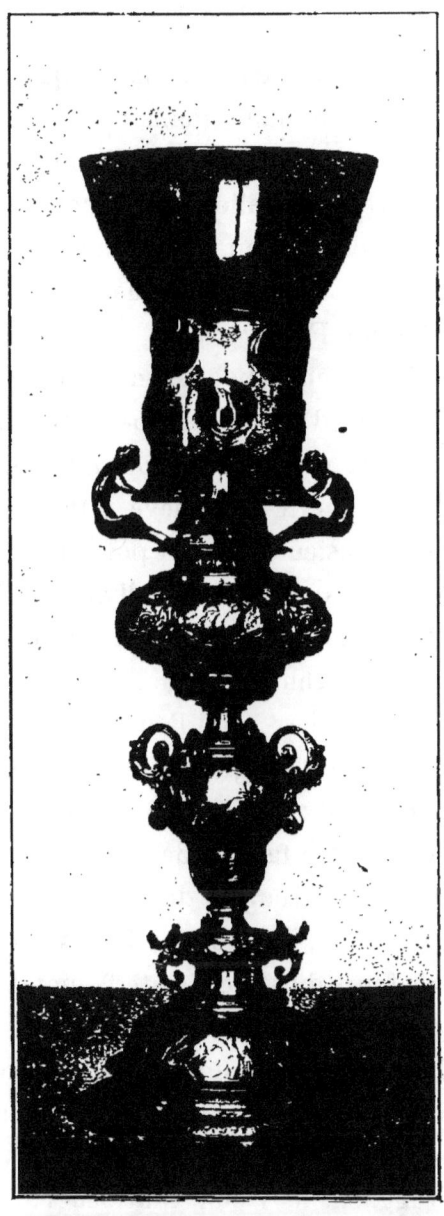

Fig. 63. VERRERIE HOLLANDAISE, monture en argent doré, première moitié du XVIIe siècle (Ned. Mus. V. Gesch. En Kunst. Rijksmus. Amsterdam).

dont notamment le magnifique mausolée de *Triest*, évêque de Gand (dans la cathédrale de cette ville), témoigne. Jérôme Duquesnoy avait accompagné son frère en Italie et il fut nommé architecte et ingénieur de la cour de Flandre après avoir travaillé pour l'Espagne, en qualité de sculpteur du roi Philippe IV.

A la même époque, on distingue encore Philippe de Buyster, d'Anvers [1595-1688] (dont le mausolée du *cardinal de la Rochefoucauld*, pour une chapelle de l'église Sainte-Geneviève, à Paris, représente le talent avec plusieurs statues pour le château et le parc de Versailles); Erasme Quellyn, l'Ancien, son fils Arthus Quellyn, l'Ancien (1607-1678) et le cousin du précédent, Arthus Quellyn, le Jeune [1625-1700] (ces deux derniers à qui l'on doit les magnifiques stalles du chœur de l'église Saint-Jacques d'Anvers); Sébastien Slodtz (1665-1726), élève de Girardon et chef de l'illustre famille des Slodtz (qui contribua le plus à l'embellissement du palais de Louis XIV) établie en France, à sa suite; Lucas Fayd'Herbe, l'un des créateurs du style jésuite flamand, déjà cité à l'architecture, originaire de Malines (1617-1697) qu'il dota d'une fontaine et de deux églises et dont les principales localités belges conservent des œuvres; et tant d'autres artistes d'égale valeur comme Verbrugghen, le Vieux, Mathieu Van Beveren, J. Bœskent, Van Helderenberg, Van Sutter et le Liégeois Delcour (1627-1707).

On remarque ensuite, parmi les meilleurs interprètes du goût maniéré, précieux et tourmenté du XVIIIe siècle, les Théod. Verhaeghen (fig. 29), les Henri-François Verbruggen, les G. Pompe (fig. 30), les Cosyns, les Laurent Delvaux.

En 1699, Verbruggen sculpte sa fameuse chaire de Sainte-Gudule *(Adam et Ève chassés du Paradis)*, et Laurent Delvaux (1695-1778) s'impose,

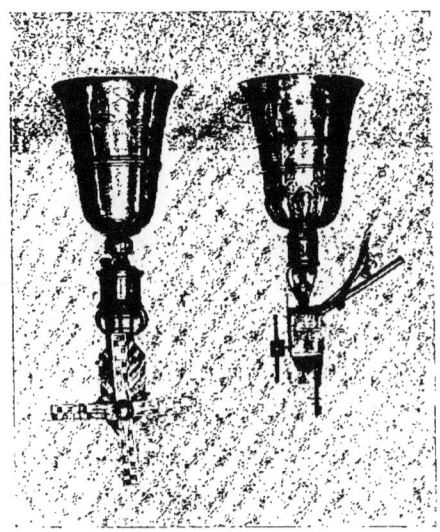

Fig. 64. GOBELETS HOLLANDAIS, en argent, deuxième moitié du XVIIe siècle, et 1722 (Ned. Mus. V. Gesch. En Kunst. Rijksmus. Amsterdam).

non moins avec une statue colossale d'*Hercule*, au vieux palais de Bruxelles, qu'avec ses chaires pour les églises de Gand, de Saint-Bavon et de Nivelles.

Puis, au XIXe siècle, voici : Mathieu Kessels [1784-1836] (dont le morceau capital est un *Mausolée* à Saint-Julien des Belges, de Rome); Guillaume Godecharle (1750-1835), qui fut sculpteur de Napoléon et du roi des Pays-Bas (auteur notamment du fronton du palais des deux Chambres, à Bruxelles); Louis Van Geel (1785-1852), statuaire du prince d'Orange et du roi des Pays-Bas (représenté par le *Grand lion* érigé sur le champ de bataille de Waterloo, les sculptures de la Porte Guillaume, des bustes, etc.). Van Hove, enfin, et P. Puyenbranck, François Langmans, entre autres, froids académistes de qui Léonard de Cuyper, avec la statue de *Van Dyck*, à Anvers (1856), Guillaume Geefs (1805-1883; avec un *Mausolée du comte de Mérode*, à Sainte-Gudule de Bruxelles), son frère Joseph (1808-1885; avec la statue de *Léopold I*^{er}, à Anvers); et son neveu Aloys (1817-1841; avec les bas-reliefs de la statue de *Rubens*, œuvre de Guillaume, à Liège), Eugène Simonis (1810-1882; avec la statue équestre de *Godefroy de Bouillon*, à Bruxelles), Charles-Auguste Fraikin (1817-1893; avec le *Tombeau de la reine des Belges)*, devaient emboîter le pas sans davantage d'originalité et autant de science.

Mais l'école de sculpture belge, après cette étape d'attardement à un classicisme stérile, sortit de l'ornière; ce fut l'heure des Joseph Lambeaux, des Pierre de Vigne, des Jacques de Lalaing, des Constantin Meunier.

De Joseph Lambeaux (1852-1908), des œuvres

vigoureuses et vivantes comme *le Baiser* (au musée d'Anvers); de Pierre de Vigne (1812-1877), des bustes excellents (ceux du général *Van Mons*, du docteur *Kluyskens*) et la galerie de figures qui décore la Salle des Pas perdus du Palais de justice de Gand; de Jacques de Lalaing, né en 1858, peintre également, un *Chasseur préhistorique* (au musée de Bruxelles), des *Tigres* d'un réalisme puissant et le beau monument équestre de *Léopold I*er, à Ostende.

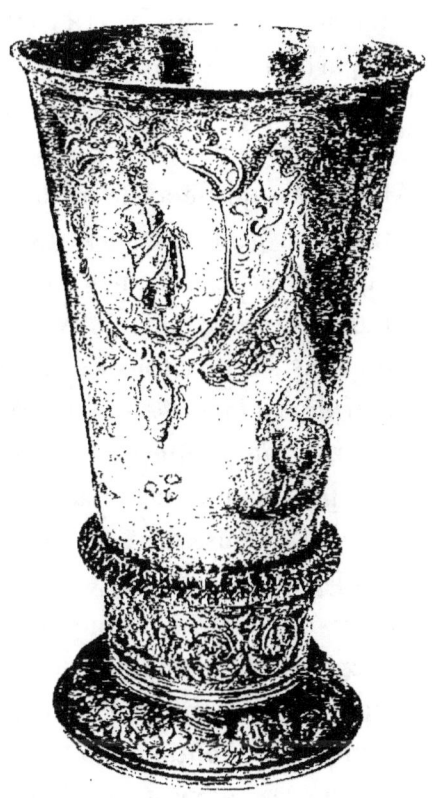

Fig. 65. GOBELET HOLLANDAIS, en argent, deuxième moitié du XVIIe siècle (Ned. Mus. V. Gesch. En Kunst. Rijksmus. Amsterdam).

Cependant, malgré l'intérêt encore des Julien Dillens, Van der Strappen, De Groot, nous avons réservé, pour clore ce chapitre, la personnalité particulièrement éclatante d'un Constantin Meunier qui nous entraîna hors des limites de notre travail. Mais Constantin Meunier (1831-1905) mérite une place à part pour l'éloquence âpre et naturaliste de ses fondeurs, de ses puddleurs, qu'il a étudiés ainsi que ses débardeurs, avec une rare compréhension de la forme assujettie au lourd labeur, avec une commisération si généreuse des travailleurs à la peine. Les mineurs de C. Meunier sont vivants et douloureux. Parmi l'œuvre du maître de l'école belge de la fin du xixe siècle, citons : *Marteleur ; Débardeur du port à Anvers ; la Glèbe* (au musée du Luxembourg); *les Ouvriers du borinage ; la Glorification du travail*, etc. Les principaux musées de Belgique et d'Europe conservent jalousement la gloire de Meunier qui fut aussi peintre. A la suite de ce grand nom, des sculpteurs originaux sont nés pour poursuivre un style d'expression moderne dont l'architecture leur a récemment montré la voie parallèle, mais nous ne devons pas continuer à déborder notre cadre.

Dans la gravure en médailles, enfin, n'oublions pas le nom fameux du Liégeois Jean Varin (1604-1672) dont l'œuvre, ainsi que nous l'avons expliqué, se rattache cependant à la France.

LA SCULPTURE EN FLANDRE ET EN HOLLANDE   129

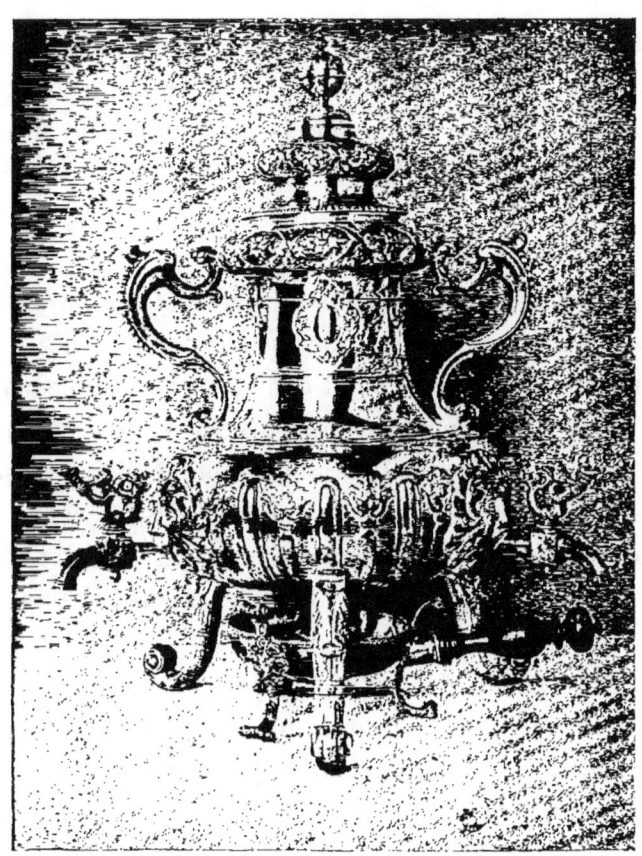

Fig. 66. CAFETIÈRE HOLLANDAISE A TROIS DÉVERSOIRS,
en argent, 1693
(Ned. Mus. V. Gesch. En Kunst. Rijksmus. Amsterdam).

* * *

Si la statuaire fut moins brillante que la peinture en Flandre, la Hollande sera plus infortunée encore dans cette expression. Cependant, chez les Flamands, la sculpture des édifices égala celle de la France, surtout à l'époque ogivale flamboyante si favorable, tandis qu'en Hollande, l'art protestant refréna l'expansion décorative dans un idéal purement civil et individualiste.

Ainsi naquit le tableau « de chevalet », c'est-à-dire réduit à une dimension accessible sinon bornée à la maison, en qualité d'objet de luxe et d'ameublement.

Pour la statuaire qui vit d'extérieur, de grand air, et s'adresse richement à l'admiration publique, l'essor ne pouvait être le même sur un sol redevenu calme et casanier après les fatigues d'une lutte furibonde. Parallèlement, le décor de la pierre, auquel le temple protestant austèrement se refusait, ne sollicitait guère le ciseau du sculpteur (point davantage qu'il n'avait admis la peinture murale) non plus que l'architecture tout entière, pour l'hôtel de ville même, inférieur en beauté à celui des Flandres, malgré le goût communal propre aux deux pays.

On a indiqué, d'autre part, des raisons d'ordre matériel à l'indigence sculpturale dans la patrie de Rembrandt. Ne possédant ni carrières de marbre, ni mines de cuivre, ni pierre même, et tirant de l'étranger ses bois de charpente, la Hollande semble avoir, dès l'origine, renoncé à un art dont la nature lui avait refusé les matériaux. Aussi bien l'architecture hollandaise avait adopté la brique, contrainte et forcée par son sol, de même que ses digues sont composées de basalte et de granit, par raison majeure.

Et nous ne serions pas éloigné de croire à la force de cet argument, car si la Hollande et l'Angleterre communient dans la pauvreté statuaire et sculpturale en vertu de mœurs et d'une religion similaires, le puritanisme anglican s'affirme tout opposé au protestantisme hollandais dans la conception et l'exercice de l'art.

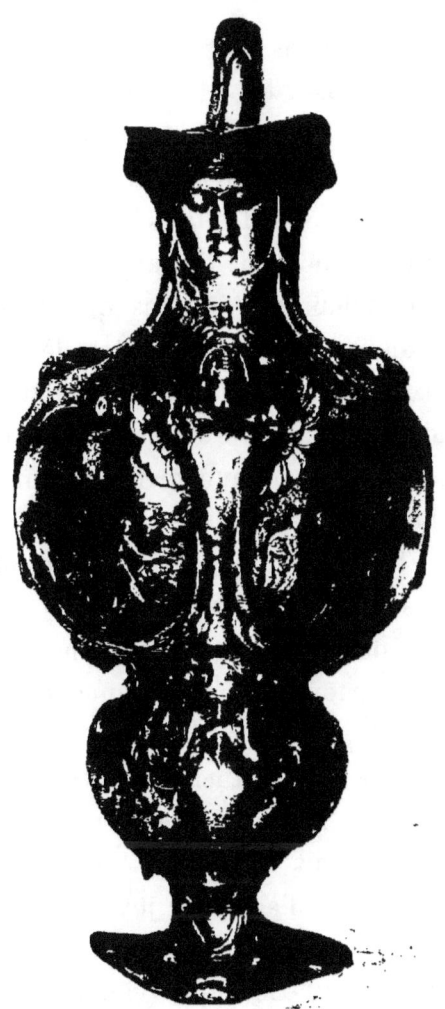

Fig. 67. AIGUIÈRE HOLLANDAISE, en argent, par Ad. Viana, premier tiers du XVIIe siècle (Ned. Mus. V. Gesch. En Kunst. Rijksmus. Amsterdam).

Nous avons fait ressortir la jovialité volontiers licencieuse des Hollandais, en opposition avec la pudeur intransigeante d'Albion.

Toujours est-il que le rôle de la grande sculpture comme celui de l'architecture monumentale, réduit à des apports de l'étranger, s'avère plutôt secondaire en Hollande. A moins que Belgique et Hollande n'aient mêlé leurs artistes dans les Pays-Bas. Cela expliquerait d'ailleurs les attributions divergentes de nationalité prêtées par l'histoire de l'art à tant d'artistes communément, autant que commodément, baptisés flamands.

Il est vrai que cette confusion rend sans doute justice à une beauté anonyme, jusqu'à la libération des deux sols sous deux noms différents.

Pourtant, il faut évoquer vis-à-vis de l'art, la vie simple et grave des provinces septentrionales qui devaient constituer plus tard la Hollande, et les habitudes élégantes et chevaleresques que la société française avait introduites dans les provinces belges. D'un côté, l'active et joyeuse population, les fêtes de rhétorique pour les bourgeois, les cours d'amour, la poésie et la musique pour les comtes de Flandre et pour les ducs de Brabant, tout le système féodal intronisé au cœur d'une société luxueuse que l'industrie et le commerce avaient favorisée; de l'autre côté une soif de repos, une impatience de tous les jougs, y compris celui de la mer, un paysage monotone et triste, les traditions de la mythologie du Nord qui avaient im-

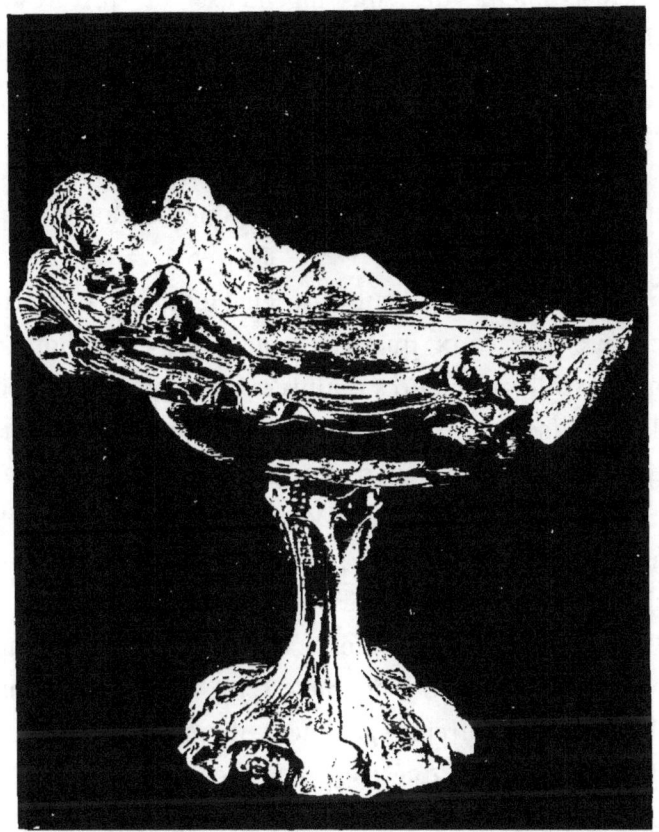

Fig. 68. Coupe hollandaise, en argent, par Ad. Viana, premier quart du xviie siècle (Ned. Mus. V. Gesch. En Kunst. Rijksmus. Amsterdam).

primé à l'esprit des futurs citoyens de Hollande leur couleur sombre et farouche.

Mais nous ne perdrons point de vue que l'originalité architecturale de la Hollande provint presque exclusivement de son ingénieuse et pittoresque défense contre l'envahissement de la mer. Et, laissant ses peintres aux joies du foyer, à l'amour de la nature, à cette gaieté intime qui contraste si curieusement avec leur for intérieur placide et grave, nous passerons rapidement sur une statuaire d'ailleurs quasi sacrifiée.

Point d'école de sculpture en Hollande. Les principaux morceaux qu'on y rencontre, en dehors de belles stalles et chaires sculptées notamment par Jean Terwen (sous la Renaissance), par Cornélis Bloemaert (père et premier maître du graveur, dont l'élégante chaire de la cathédrale de Bois-le-Duc, datant de 1690, est justement vantée), par Vinkenbrinck (au xviie siècle), sont des mausolées ; ceux entre autres du *comte Engelbert de Nassau*, mort en 1504, et de sa femme *Marie de Limbourg de Bade* (par Thomas Vincenz, de Bologne, auteur également du plan du château de Hoorn [1536] que continua Jacob Romans) et de *Guillaume le Taciturne* (fig. 70); cette dernière œuvre (à Delft), par H. de Keyser (1565-1621, architecte déjà vu, de *la Bourse* d'Amsterdam) et d'Arthus Quellyn, d'Anvers, à qui l'on doit aussi la décoration du Palais Royal d'Amsterdam pour le fronton du côté du Dam, cul-de-lampe du chap. II). Le jardin des Tuileries (Paris) possède le *Mercure et Psyché* d'Adrien de Vries ou Fries, élève de Jean de Bologne,

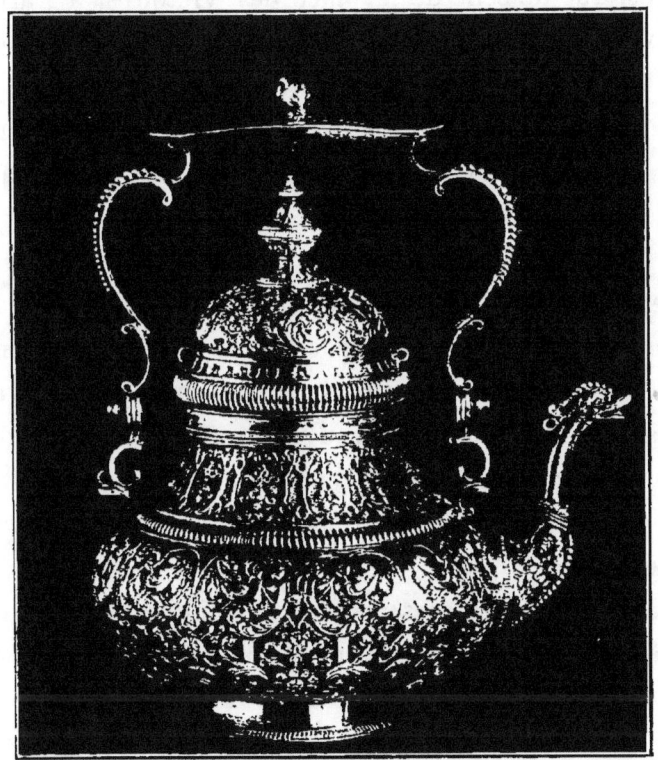

Fig. 69. COQUEMAR HOLLANDAIS, en argent,
par Joh. Lely, 1700
(Ned. Mus. V. Gesch. En Kunst. Rijksmus. Amsterdam).

né à La Haye en 1560, mort après 1603, et le *tombeau de Ruyter* nous donne ensuite, avec le nom de Cornelis Evertsen (mort en 1666), celui de Rombout

Verhulst (en 1682). Quant à l'auteur de la statue équestre de Louis XIV de la place Bellecour, à Lyon, ainsi que de celle de la place des Victoires, à Paris, qui périrent en 1792, il n'est autre que le Hollandais Martin Van den Bogaert dit « Desjardins », né à Bréda en 1640, mort en 1694. Desjardins fut recteur à l'Académie des Beaux-Arts de France où il avait été reçu en 1671.

Nous reviendrons sur la personnalité magistrale de Rombout Verhulst, dont le chef-d'œuvre, le tombeau d'un comte décédé en 1664, se trouve dans l'église de Midwolde, province de Groningue. Autres mausolées dus à ce ciseau où toute la superbe du XVIIe siècle resplendit : ceux de *Jérôme de Thuil de Serooskerken* (1669), de *Charles Morgan*, de l'*Amiral Van Gendt*.

Au XIXe siècle, les principaux sculpteurs néerlandais sont : Louis Royer (né à Malines en 1793, mort à Amsterdam en 1868, auteur notamment des statues de *Rembrandt*, de *Coster*, d'*Erasme)*, Paul Gabriel, J. Stracké, Verdonck, F. Leenhoff, Van Hove, etc. Mais on remarquera l'origine anversoise de Quellyn, que nous avons cité parmi les sculpteurs belges, et, de même, la naissance de L. Royer à Malines. Le nom d'A. E. Nieuwerkerke, Français malgré qu'issu d'une famille hollandaise (comme tant d'autres Hollandais sont confondus avec des Belges et réciproquement, et avec des Français aussi, sous le vaste pavillon des anciennes Flandres), ajoute encore à la difficulté d'une précision nationale. Nieuwerkerke

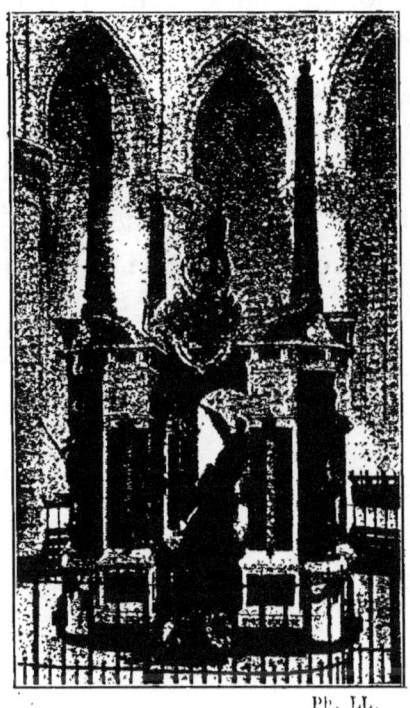

Fig. 70. Tombeau de Guillaume
le Taciturne
(Delft). *(Art hollandais.)*

(1811-1892), à qui le roi de Hollande acheta la statue équestre de *Guillaume* dont s'orne une des places publiques de La Haye et dont le *René Descartes* encore, dans la même ville, honore le talent, fut surintendant des Beaux-Arts sous Napoléon III.

Au résumé, la plupart des statues de bronze ou de marbre rencontrées en Hollande, soit dans les musées ou les hôtels de ville, soit en plein air, sont les œuvres d'artistes étrangers. Ainsi se confirme l'indigence d'une statuaire réellement indigène que nous appréhendions au début de ces lignes. A moins que les Hollandais, — et ce serait justice, — ne bénéficient, sous l'étendard flamand, de la gloire statuaire d'un Claux Sluter, Flamand... ou Hollandais, qui fonda l'école française de Dijon !

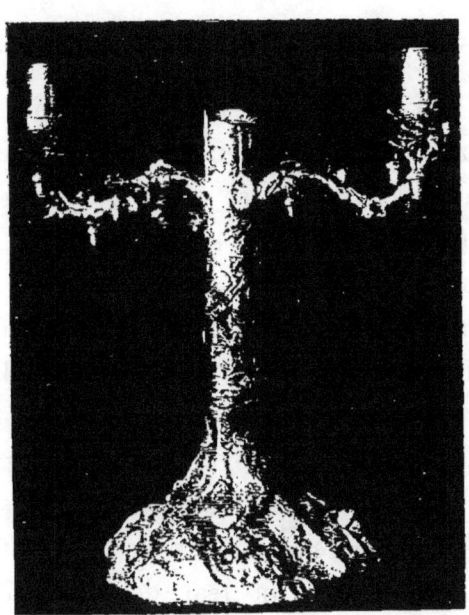

Phot Jos. Casier.
FLAMBEAU A TROIS BRANCHES, par P.-J.-J.
Tiberghien [1787] (M. Arnold de Kerchove
d'Ousselghem, Gand). *(Art flamand.)*

CHAPITRE V

Les Arts appliqués en Flandre et en Hollande.

Nous avons montré les Flamands empressés à tous les arts; aussi volontiers sculpteurs sur bois que ciseleurs et statuaires; aussi aptes à peindre un tableau qu'à fournir un carton pour un vitrail ou pour une tapisserie, à l'exemple des artisans de notre moyen âge français qui considéraient justement que l'on ne déchoit jamais lorsqu'on se manifeste supérieur, en quelque réalisation que ce soit.

Nous n'insisterons donc point sur la beauté des stalles, lambris, panneaux et plafonds, sculptés autrefois dans les églises et hôtels de ville flamands, ni sur la qualité rare des ciselures sur pierre, qui tenaient même de la joaillerie, singulièrement adaptées au bâtiment. Pourtant, dans ce chapitre du bois savamment fouillé, on ne saurait oublier la splendeur des buffets d'orgue dus à un Jean de Coblence (1511), dans l'église Saint-Laurent d'Alkmaar, qui représentent notamment un exemple fameux avec ceux de Christian Muller, d'Amsterdam, dans l'église de Haarlem (1738).

La beauté des traîneaux sculptés hollandais mériterait, d'autre part, que l'on s'y arrêtât...

Dans la ciselure proprement dite, après Jehan Josse, également émailleur et déjà vu précédemment, la personnalité de Lambert Patras revient sous notre plume, mais c'est surtout à la cour des ducs de Bourgogne que se développera cet art avec celui de la joaillerie, à partir du XIVe siècle.

Sous les auspices de ces princes français, un Louis de Berquem aurait inventé la taille du diamant et, au XVIe siècle, la Flandre avec l'Italie tiendra le premier rang dans les expressions de luxe de l'orfèvrerie. Les sceaux des ducs de Bourgogne présentent, enfin, un intérêt artistique que les rois pouvaient leur envier.

Le plus bel ouvrage de ferronnerie à citer au xve siècle est dû à Quentin Metzys (1464-1530). Il s'agit du couronnement, composé de feuillage, dont un célèbre puits d'Anvers (fig. 31) se pare, et le grand peintre forgea aussi, en cuivre, des fonts baptismaux pour l'église Saint-Pierre de Louvain.

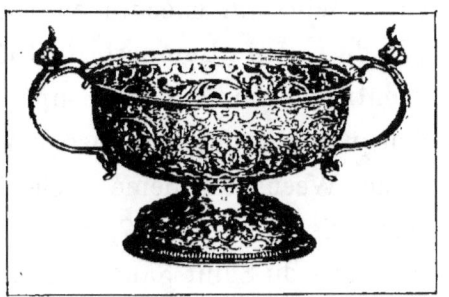

Fig. 72. JATTE A EAU-DE-VIE HOLLANDAISE, en argent, par Johannes Lely, 1700 (Ned. Mus. V. Gesch. En Kunst. Rijksmus. Amsterdam).

Nous trouvons, d'autre part, au début du xviiie siècle, le nom de Pierre Denys, serrurier belge (1658-1733), attaché à de merveilleux ouvrages exécutés en France mais dont on ne peut parler que pour mémoire. Des grilles et des balustrades pour l'abbaye de Saint-Denis et de délicates ferrures à la cathédrale de Meaux, seraient sorties des mains de cet artiste réputé, digne descendant de l'excellent forgeron malinois : Jean de Cuyper (xvie siècle.)

D'autres nombreux chefs-d'œuvre anonymes, tant enseignes que grilles (fig. 34), heurtoirs et menottes, balcons (la ferronnerie était prodiguée aux fenêtres par le goût espagnol) et autres appuis, attestent que le travail du marteau ne céda en rien, pour la richesse, à celui du ciseau. La valeur d'un orfèvre comme Henri Soete, qui exécuta en 1512 le reliquaire du chef de saint Lambert (cathédrale de Liége), démontre notamment cette supériorité, et non moins remarquables sont les personnalités du Gantois Jacques Weens, au même siècle (fig. 35), et de Jean Crabbe, ciseleur (en 1617) de la châsse dont s'honore la chapelle du Saint-Sang, à Bruges, ville natale de l'artiste.

Parmi les orfèvres du xviie siècle, enfin, le nom de Jacques Moermans (fig. 36) prévaut à Anvers, et, au xviiie siècle, c'est P.-J.-J. Tiberghien, de Gand (en-tête du chap. V et fig. 37), qui domina surtout.

Nous retrouverons d'ailleurs, au meuble, la plupart des grands décorateurs de l'orfèvrerie, comme Balthazar Sylvius (xvie siècle), auquel se joignent : J. Fredeman de Vries (1527-1604), Assuerus Van Londerseel (d'Amsterdam, vers 1548), les Collaert dont de nombreux bijoux portent l'élégante marque, de même que des hanaps en vermeil ciselé et repoussé auxquels le crayon d'un Hendrik Goltzius s'intéressa, Théodore de Bry (1561-1623), Pierre-Paul Rubens, compositeurs de chars et d'arcs de triomphe ! Pierre-Paul Rubens auteur de la Porte de ville à Anvers, dite : *Porte de l'Escaut*, de Quellyn pour la sculpture; Pierre-Paul Rubens animateur en tous genres d'expression comme l'avaient été les Lucas de Leyde,

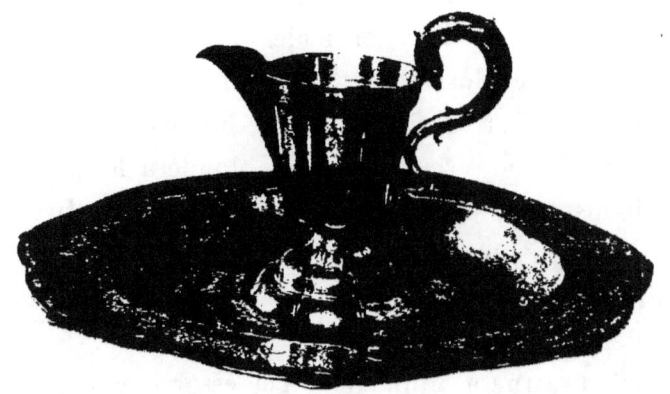

Fig. 73. ARGENTERIE HOLLANDAISE, par Johannes Lutma, 1655
(Ned. Mus. V. Gesch. En Kunst. Rijksmus. Amsterdam).

les Corneille de Vriendt, dit Floris, et en France les Bérain, les Ducerceau.

La décoration des navires trouva, d'autre part, son maître avec W. Hollar (originaire de la Bohême, 1607-1677) et, pour la création des chars, au XVIIIe siècle, le nom de l'architecte montois J.-B. de Bettignies est à retenir.

D'ailleurs, ces peintres ornemanistes distingués qu'égalèrent les F. Hoogenbergh, les Marc Gérard, les Paul Birckenhultz, sous la Renaissance, livrent leurs conceptions aux moindres motifs de décor : banderoles, arabesques, cartouches, culs-de-lampe, cuirs, etc., dont profitent pour le style, tant l'orfèvrerie de cuivre, d'or et d'argent, très cultivée en Flandre dès le moyen âge, que les pendeloques de bijouterie niellée, enrichie d'émaux (jusqu'au xviie siècle exclusivement), et les fonts baptismaux, encensoirs, lustres, flambeaux et lutrins.

Corneille de Vriendt, encore, donnera le modèle de balustrades en laiton, ainsi que Claës de Bruyn dont on voit une œuvre remarquable dans le genre, à Saint-Jacques de Louvain, coulée en 1568 par Jean Valdener.

Qui discernera enfin, dans cet essor d'embellissement unanime, la part propre à chacun de ces artistes parmi ces chefs-d'œuvre anonymes qu'ils inspirèrent tout au moins, et qu'ils magnifièrent au mépris des catégories d'idéal, depuis le monument grandiose jusqu'au moindre pot de grès !

L'éloge de la tapisserie flamande s'ajoute logiquement aux précédentes splendeurs, avec une insistance même supérieure.

Déjà fort appréciées au xiie siècle, les manufactures de tapisseries de la Flandre, très renommées aussi au xive siècle, atteignirent la perfection au xve siècle, surtout dans la Flandre septentrionale. Toutefois, ce sont des artistes italiens, Taddeo Gaddi, entre autres (au XVIe siècle), qui fournirent les modèles de ces tapisseries dont Arras avait la réputation à tel point que l'Italie baptisa du nom d'*Arazzi* non seulement les tapisseries fabriquées à Arras, mais celles provenant d'une fabrique artistique quelconque des Flan-

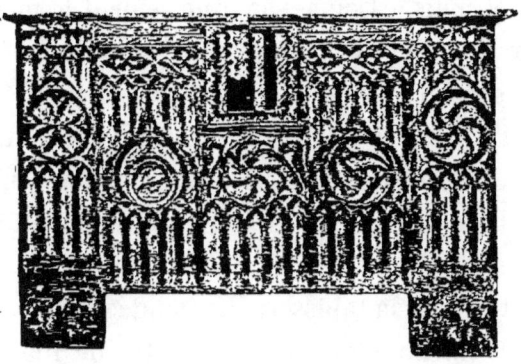

Phot. Jos. Casier.
Fig. 74. COFFRE EN CHÊNE, du XVe siècle,
à face décorée de fenestrages
(M. Amédée Prouvost, Roubaix). *(Art flamand.)*

dres (aussi bien de Lille que de Bruges et de Middelburg).

Toutefois, les cartons italiens ne s'opposaient point à l'interprétation flamande qui usa avantageusement de cette latitude en harmonisant la couleur à l'effet suivant son expérience, et en employant l'or. Les *arazzi* exécutés pour le Vatican d'après les cartons de Raphaël sont l'œuvre du Bruxellois Pierre Van Aelst.

146 LES STYLES FLAMAND ET HOLLANDAIS

Au XVIe siècle, des artistes flamands que François Ier avait mandés en France, travaillèrent aussi avec des artistes français, à Fontainebleau. Cette fabrication de tapisserie de haute lice, dont Henri II devait s'occuper par la suite, contribua autant à l'éclat de cette expression à Paris qu'en Flandre; mais c'est à Henri IV, puis à Louis XIV que revient le mérite du plus grand essor de la tapisserie, auquel un établissement spécial où s'employèrent des artistes flamands (Henri IV, pour sa part, en fit venir deux cents environ) et des artistes français, fut consacré en 1662. C'était là le prélude de la glorieuse manufacture des Gobelins.

L'histoire de la tapisserie flamande marqua son déclin, à Bruxelles, lorsque les artistes de Flandre en furent réduits à leurs cartons, mais il ne faut pas oublier que les artistes flamands, avant de contribuer à la réputation franco-flamande qui attirait déjà l'attention de Bajazet, en 1396, avaient été sollicités de fonder des ateliers dans plusieurs villes d'Italie.

Et, autant par la valeur artistique que par la richesse et le nombre, ces tapisseries (fig. 42 et suivantes) surpassèrent, si l'on peut dire, l'éclat de la peinture flamande dans la faveur publique, même à son heure la plus remarquable. On observera, dès cette expression mobilière, la naissance des styles à la faveur d'un but décoratif indépendant du tableau. Sortie des dimensions du tableau, la tapisserie emprunta à la synthèse dans la préciosité. Et la surcharge du décor accusa ce besoin de préciosité de la matière dont toute partie doit constituer un morceau de rareté;

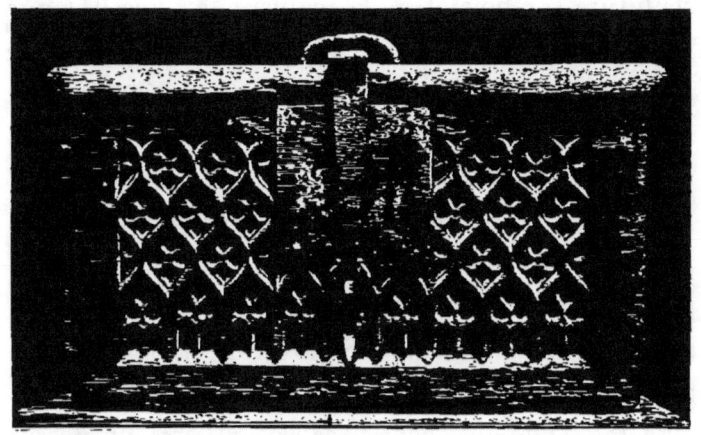

Phot. Jos. Casier.
Fig. 75. Coffret portatif, en chêne, xvᵉ siècle,
à face décorée de fenestrages
(M. J. Moens, Lede). *(Art flamand.)*

ces détails où l'ornementation de la bordure, le dessin concret et la tonalité sobre du sujet déterminent, avec le costume des personnages, à la fois l'âge et le style du modèle.

Une autre précieuse tenture est celle en laquelle les Hollandais, au xviiᵉ siècle (et aussi les Flamands, à Malines, notamment), égalèrent Cordoue qui leur avait donné l'exemple de ses cuirs maroquinés et dorés. Et non moins profitable fut, aux Pays-Bas, le modèle de notre célèbre manufacture des Gobelins, pour des réalisations parallèles que, souvent, la tulipe se plut à signer nationalement (fig. 49).

De la tapisserie artistique, après les miracles de la sculpture sur bois et de la joaillerie, et, aussitôt que nous aurons admiré, par exemple, à Sainte-Gudule de Bruxelles, les radieux vitraux dessinés par Van Orley (dont les cartons nous valurent les douze merveilleuses tapisseries du Louvre consacrées aux *Chasses de Maximilien*, tissées à Bruxelles dans la première moitié du xvie siècle) et Michel Coxie; puis à Gouda (Hollande), ceux des frères Crabeth (vers 1560) dans l'église Saint-Jean et de Digman, d'Anvers (en 1555), dans l'église Saint-Nicolas, même ville (où Digman, encore, réalisa en verre un dessin de Pieter Aertsen, dit « Lange Pier »), nous glisserons aux parallèles délicatesses de la dentelle et de la broderie par lesquelles la Flandre varia les prodiges de son art.

Au temps des ducs de Bourgogne, les origines de la broderie et de la dentelle fatalement se mêlent dans une magnificence franco-flamande, et « l'infâme » Isabeau de Bavière ayant apporté dans son trousseau, lors de son mariage, trois douzaines de chemises de Hollande, « cette quantité parut un très grand luxe à la cour de France ». Le luxe du beau linge devait, autant que le tableau, inciter au goût de la broderie. Et la précocité de l'art pictural flamand trouva sa relation favorable dans le travail des soies appliquées à l'aiguille pour la décoration des orfrois, croix de chasuble et parements d'autel, aussi bien que pour

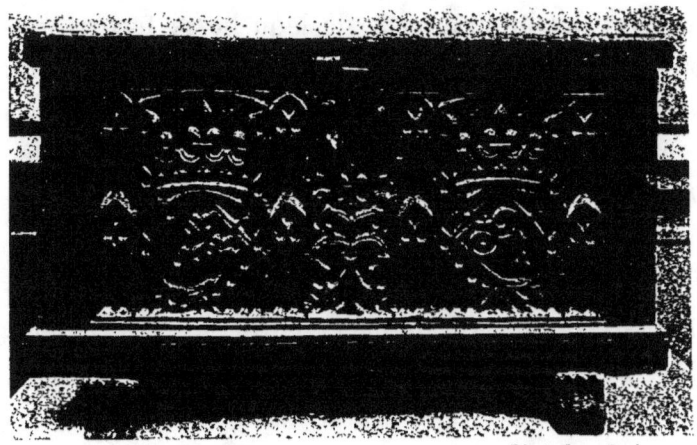

Phot. Jos. Casier.

Fig. 76. Coffre, chêne, de la corporation des chaudronniers, xvᵉ siècle (Musée de Tournay). *(Art flamand.)*

le tableau brodé, dont un *Ecce Homo* (au musée de Lyon) figure un type remarquable.

Dès le xvɪᵉ siècle, William Vostermans, d'Anvers, et Jean de Glen, de Liége, fournissent des « livres de patrons » pour répondre au désir de vulgarisation des tissus ornés. Exécutée d'après les dessins de Gérard Horebout (né à Gand en 1498), la chape dite de Saint-Liévin excite l'admiration, non moins qu'auparavant (au XVe siècle) le superbe orfroi conservé au trésor de l'église Saint-Gervais, à Maëstricht, avec tant de bourses, aumônières, tabars ou cottes de hérauts d'armes où l'or, souvent, se mêle à la soie (fig. 46).

En 1602, les Hollandais constituent une Compagnie des Indes (sur le modèle de laquelle se forma, plus tard, la riche et puissante Compagnie du même nom, en Angleterre) dont le but de commercer avec des contrées peu connues de l'Asie leur ouvre, du même coup, les débouchés d'une main-d'œuvre économique.

Nous noterons, par parenthèse, que ce furent les Pays-Bas qui, les premiers entre les Transalpins, inventèrent les étoffes de laine que, jusqu'en 1404, ils étaient seuls capables de tisser et de fabriquer, l'Angleterre se chargeant uniquement de leur fournir la laine. L'église de Dordrecht garde précieusement un intéressant tapis en laine brodée relevant, sans doute, de cette industrie initiale.

Les Chinois, qui copiaient en broderie les grandes tapisseries de Louis XIV, travaillèrent aussi pour les Pays-Bas; et nous avons signalé déjà le goût de la Hollande pour les produits de Java, de la Chine, du Japon et des Indes.

Mais l'influence des peintres flamands et hollandais, grands amateurs de fleurs autant qu'interprètes minutieux de la nature, se fit sentir aussi bien en Italie qu'en France, grâce à la mode. « Sous Henri IV (1589-1610) et sous Louis XIII (1610 à 1643), écrit Ernest Lefébure dans *Broderie et Dentelles*, les collerettes à fraises disparaissent et sont remplacées par les larges cols plats en toile de Hollande, garnis de dentelles, retombant sur les épaules et, plus souvent, remontant en éventail derrière la tête pour les femmes de qualité... Des tulipes épanouies commencent à se montrer et nous rappellent avec quelle passion

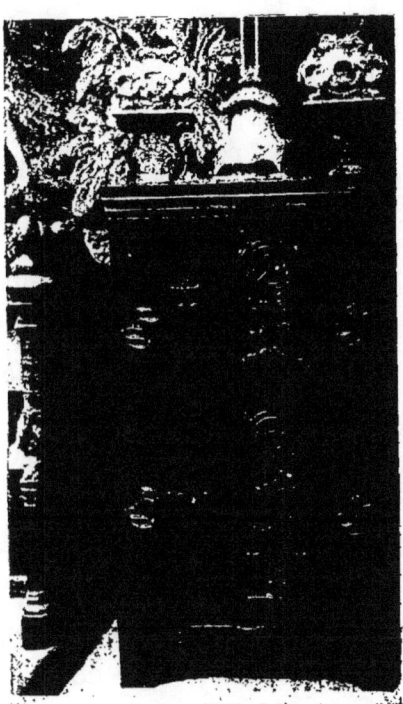

Phot. Jos. Caeier.
Fig. 77. ARMOIRE DE BÉGUINE, meuble en chêne verni (M. Arthur Verhaegen, Gand), fin du XVe siècle. *(Art flamand.)*

les variétés de cette fleur étaient recherchées et payées à grand prix pour les serres de la Hollande... »

Le Grand siècle, en exaltant le point d'Alençon, vit naître les points rivaux de Bruxelles et d'Angleterre; ce dernier point qui offre, d'ailleurs, la curiosité de n'avoir jamais été fabriqué qu'en Belgique !

La guipure, autre innovation à la cour du roi-soleil, exécutée aux fuseaux et à l'aiguille, atteignit alors son plus haut degré de perfection sous les doigts délicats des Flamandes. Et, avec Louis XV, c'est le retour à la suprématie des dentelles au fuseau dont les Flandres, encore, dans tout le XVIIIe siècle, se sont fait une célébrité.

Les principales dentelles belges au fuseau, les valenciennes, les malines, les dentelles de Grammont, celles faites à Bruges, à Binche, etc., sans oublier les applications d'Angleterre (essentiellement belges pourtant !) généralement confondues sous le nom de dentelles ou de guipures des Flandres, ont conservé, de nos jours, leur grande réputation.

A la faveur dont jouissait la dentelle auprès des Flandres belges (et françaises) devait correspondre celle du beau linge de table damassé, fabriqué exclusivement, jadis, avec des fils de lin. C'est à ce luxe favori que les dames aisées avaient affecté spécialement une petite armoire accompagnée d'une presse dont nous parlerons au chapitre du meuble.

Nous aborderons maintenant la céramique qui, cette fois, s'évoque brillamment au pays de Rembrandt sous le nom de Delft.

Les faïences de Delft semblent embrasser, à elles

seules, la faïence de la Hollande; elles en représentent le type fameux, malgré que Haarlem ait été le berceau de la poterie hollandaise et que Rotterdam, Amsterdam et Arnhem, surtout (dont une expression polychrome marquée d'un coq est très rare), produisirent également des pièces délicates.

Mais Delft fut le centre particulièrement attractif de la céramique en Europe, au point que Rouen et Lille imitèrent le décor « d'Hollande ».

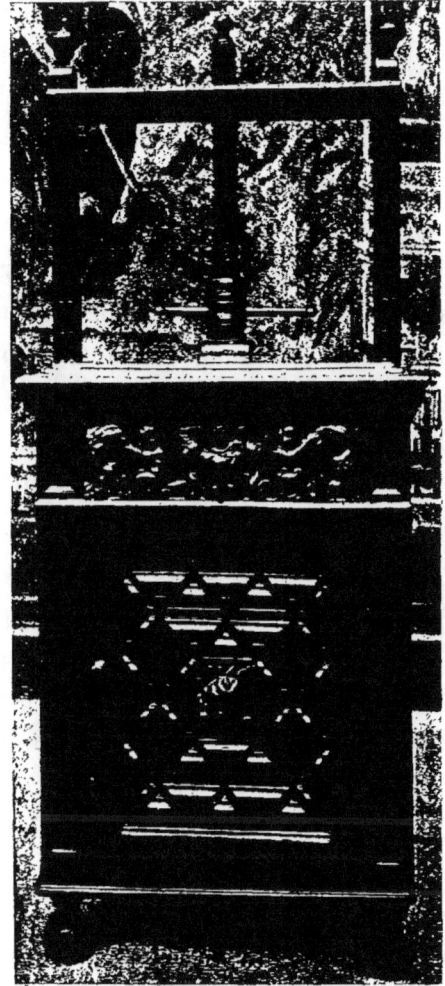

Phot. Jos. Casier.

Fig. 78. PRESSE ET ARMOIRE A LINGE, meuble Renaissance en chêne (M. André Wauters, Gand). *(Art flamand.)*

Au premier décor de Delft demeure attaché le nom de Herman Pieterz, établi dans cette ville vers la fin du XVIe siècle. De cette époque, la plus florissante avec celle qui suivit, datent vraisemblablement ces beaux plats en camaïeu bleu (de ce bleu d'une douceur caractéristique dit *bleu de Delft*), au décor très fouillé, tant sur le fond que sur le marli, représentant des batailles ou des kermesses.

Dans la seconde période, Abraham de Kooge innova, presque au milieu du XVIIe siècle, ces plaques (fig. 48), et ces assiettes peintes comme des tableaux, avec une finesse digne souvent du pinceau des peintres hollandais de l'heure. Les noms des potiers Frytom (cul-de-lampe du chap. V), Hoppestein (fig. 49) et Fictoorsz font alors prime avec celui des Eenhoorn, imitateurs des laques de la Chine, c'est-à-dire de ces belles peintures sur fond noir (fig. 51), dites au « décor cachemire ».

Dans cette voie d'inspiration orientale qui gagna l'Europe entière, Aelbrechtsz de Keiser fut un triomphateur autant qu'un précurseur, car nous avons vu la Chine et le Japon révélés avec une faveur particulière à la Hollande (et aux Portugais), grâce à l'activité de sa navigation.

En revanche s'enregistre la défense faite aux Hollandais, par le gouvernement des Japonais, d'introduire le verre dans leurs ports... veto auquel,

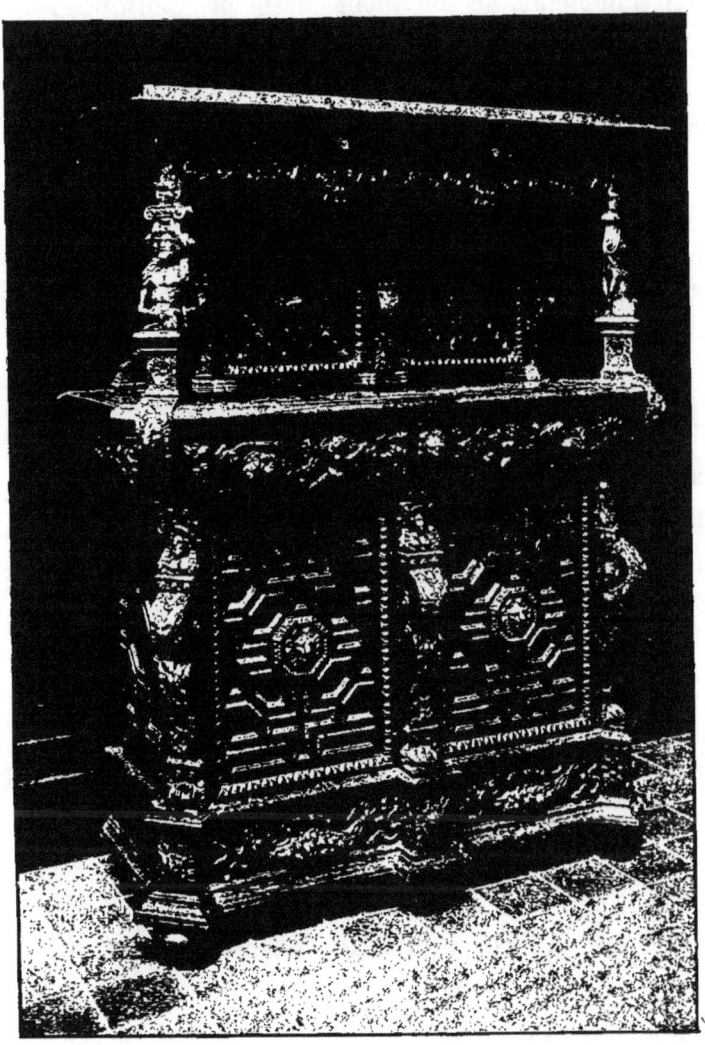

Phot. Jos. Casier.

Fig. 79. BAHUT A DEUX CORPS, Renaissance
(Musée des Arts décoratifs de Gand). *(Art flamand.)*

artistiquement, ils devaient désobéir, puisque les verres gravés (fig. 53) à l'eau-forte et pointillés au diamant, puisque les verres ciselés, sont une éloquente spécialité hollandaise aux xviie et xviiie siècles.

Avec Aelbrechtsz, c'est non seulement le goût instauré des chinoiseries, mais encore leur imitation décorative parfaite. Et après lui, avec Cornelis, son fils, et Jacob et Adriaen Pynacker (fig. 56), ses gendres, le succès se poursuit, accru au surplus par ce dernier dont les belles pièces imitées des porcelaines japonaises, aux tons rouge, bleu et or, prennent la tête de cette superbe fabrication, avec celles encore que signa Augestijn Reygens, où un jaune vibrant s'ajoute.

De la troisième période (xviiie siècle), se réclament ces cages, livres, violons (fig. 60), chauffe-pieds, assiettes, pupitres à musique, chauffe-mains en forme de missels, têtes à perruques, brosses, plaques et autres bibelots singulièrement travestis en céramique.

Nous assistons alors à une quasi-déchéance, mais par rapport plutôt aux puissants chefs d'œuvre précédents, car la fabrication de Delft, maintenant d'une visée moins hautaine, plus abondante, conserve encore une expression d'amabilité supérieure. On remarquera que, dans cette dernière étape, le goût hollandais, fâcheusement stimulé, pour sa personnalité, par les porcelaines chinoises et japonaises qu'il avait importées avec les Portugais, adopta la matière en vogue, et que les bibelots susdits sont maintenant

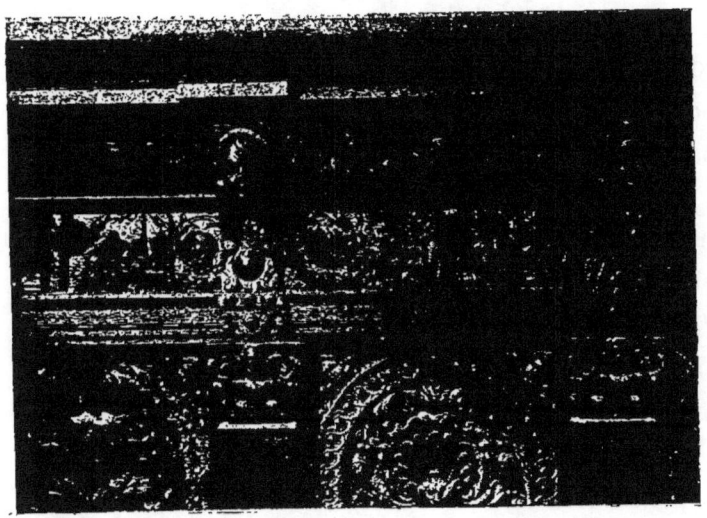

Phot. Jos. Casier.
Fig. 80. Détail d'une sculpture en chêne, Renaissance, provenant de l'ancienne église du couvent des Carmes chaussés, à Gand. *(Art flamand.)*

décorés au petit feu (feu de moufle), la peinture sur porcelaine ayant réclamé une abdication. Cette altération du décor suffit, d'ailleurs, à précipiter les manufactures à leur ruine. On copia des images au lieu d'inventer des motifs et des sujets, et les célèbres faïences de Delft, qui autrefois étaient réputées dans le monde entier, virent leur prestige borné.

J. Verhagen (1725-1759), cependant, opposa son talent à cette décadence, et l'on cite avantageusement de l'artiste des plats inspirés des eaux-fortes de Goltzius. Zacharie Dextra, d'autre part, créa un décor polychrome et doré qui mérite d'être retenu.

De nos jours, enfin, des pièces intéressantes sont sorties des fours de Delft, mais il faut attendre, pour les juger, que le temps les ait mises à leur rang, parce que l'antiquité est la providence des œuvres d'art, quelles qu'elles soient, et la dernière fabrication renommée était représentée, en 1876, par la vieille marque de la bouteille de porcelaine : *Porceleine fles*, qui s'ajoute aux brillants emblèmes suivants : une tête de nègre, une rose, une hache, trois cloches, etc.

Parmi les autres fabriques hollandaises vouées à a porcelaine, citons celles de Oude-Loosdrecht, de Weesp, de Amstel et de La Haye qui, imitées de la Saxe, ne durèrent point, débordées qu'elles furent par la concurrence, non seulement de leur source d'inspiration, mais encore des produits de la Chine et du Japon.

Vis-à-vis de la Hollande, la Flandre, dont les tapisseries et les dentelles constituent une spécialité remarquable, demeure très inférieure en matière de céramique.

Il ne faut pas méconnaître, néanmoins, la valeur

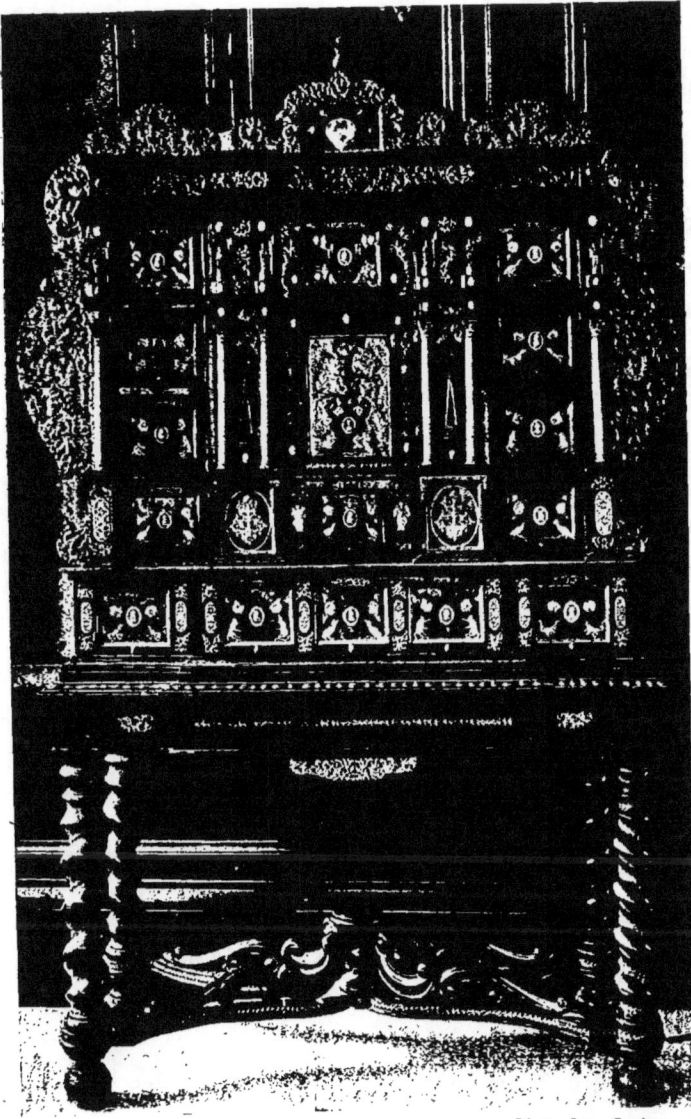

Phot. Jos. Casier.

Fig. 81. CABINET EN ÉBÈNE INCRUSTÉ, avec appliques en ivoire, ornements et statuettes en bronze, bustes en ivoire et camées, début du XVIIe siècle (M. l'abbé Ernest Van In, Bruxelles). *(Art flamand.)*

des grès de Raeren (aux XVIe et XVIIe siècles), non plus que ceux des fabriques de Bouvignies, Pont-de-Loup, Namur, Verviers, Dinant. Ces grès flamands, à couverte grise, que rehaussent des émaux de couleur gros bleu ou gros violet, que décorent des sujets de toutes sortes. Ces grès aussi, dont les ornements sont obtenus par des moules en bois et dont les montures de couvercle et les anses en métal s'harmonisent avec un décor de points bleus, rouge foncé et blancs, ou bien gris et bleus.

Pourtant, en dehors d'une amusante production bruxelloise (soupières en forme de choux, de canards, de poules, de dindons, etc.; terrines et daubières d'un esprit et d'une gaieté caractéristiques), due initialement à Corneille Mombaers, au XVIIIe siècle, nous ne voyons guère plus à signaler que Liége, Tervueren, Namur, Gand et Echternach, où l'on fabriqua plutôt une manière de porcelaines et de faïences inspirées de la Hollande et de la France. A Andenne, cependant, à la fin du XVIIIe siècle, des pièces offrent un intérêt plus original. Et la faïencerie de Tournay fut prospère, mais davantage lorsque le Lillois Péterinck, succédant à Fauquez, en 1748, adopta la pâte tendre.

Après avoir évoqué la célébrité des riches velours d'Utrecht et la renommée des tapis de Deventer, remontant au XVIIIe siècle, nous noterons que ce furent les Hollandais (et les Espagnols) qui, vers 1555, introduisirent en Europe l'art de fabriquer les

Fig. 82. Buffet a un corps, dit « Ribbank », en chêne et noyer, première moitié du XVIIe siècle (collection Van den Corput, Bruxelles). (Art flamand.) Phot. Jos. Casier.

papiers de tenture qu'ils empruntèrent à la Chine et au Japon, ses pourvoyeurs habituels, tandis que des protestants français réfugiés après la révocation de l'édit de Nantes, enseignaient à la Hollande la fabrication du beau papier dans laquelle, d'ailleurs, elle se plaça au premier rang avec la France.

L'éloge des arts de l'imprimerie succède normalement à celui du papier, et la fameuse typographie de Christophe Plantin, à Anvers, au XVIe siècle, s'impose des premières à notre plume, malgré que les belles éditions de J. Covens et de C. Mortier, d'Amsterdam, aient rivalisé avec celles de Plantin, à la même époque. On sait que la Hollande opposa longtemps Laurent Coster, de Haarlem, à Gutenberg, pour l'invention de l'imprimerie.

Le musée Plantin, à Anvers, renferme aujourd'hui les anciennes installations de l'imprimerie de ce nom, d'où sont sortis tant d'ouvrages réputés, et l'on retiendra que Albertus Magnus, vers 1675, honora la reliure anversoise.

Nous allons maintenant trouver réunies plus étroitement dans l'éloge la Flandre et la Hollande, en ce qui concerne la dinanderie.

Du moins la Hollande égale-t-elle la Belgique pour le charme, la diversité et la multiplicité de ses « cuivres », malgré que la dinanderie doive son nom à la ville de Dinant qui avait, au moyen âge, la renommée de la fabrication des ouvrages en bronze jaune ou laiton, riche en zinc, coulé, battu et ciselé.

La dinanderie désigne à la fois des pots, brocs,

hanaps, plats, buires, fontaines, coquemars, aquamaniles, lustres, « couvés », chenets, chandeliers, statuettes et, si le nom donné à ces ustensiles s'est perdu après le XVIIIe siècle, ils sont demeurés aussi robustes de couleur que de matière, confondus dans l'appellation générale de « cuivres ». S'ils ont renoncé à leur ancien usage, pour la plupart, ils conservent l'intérêt d'un bibelot pittoresque dont se rehausse volontiers le faîte de nos bahuts ou bien

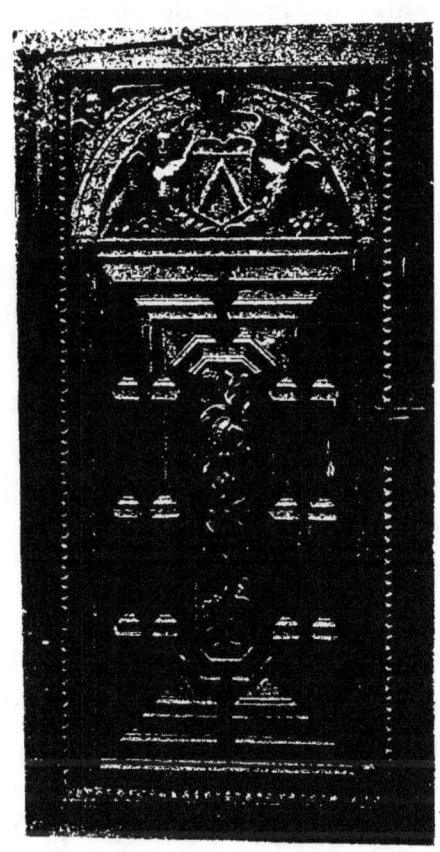

Phot. Jos. Casier.
Fig. 83. PORTE aux armes de Courtray, vantail en chêne (musée d'art industriel et d'archéologie, Courtray), première moitié du XVIIe siècle. *(Art flamand.)*

s'égaie et se varie l'attrait de nos vaisseliers. A côté de ces pièces tout en métal, on aperçoit aussi des brocs et autres récipients en bois, ceinturés ou bien agrémentés de motifs de cuivre, à moins encore que l'éclat lunaire des étains, si nombreux en Flandre, ne s'offre en contraste au soleil des cuivres.

Et ces cuivres et ces étains, flattés par le goût de la propreté, de l'astiquage, particulièrement accusé dans les Flandres, ont reçu un décor repoussé au marteau ou gravé, aussi varié que leurs formes, qui est une joie pour les yeux en même temps qu'un éblouissement.

Comme ils répondent harmonieusement, ces cuivres et ces étains, au sourire frais du carrelage céramique sur le sol ! Ce carrelage, — si facile à entretenir ! — qui provient de Delft ou se contente d'être blanc et noir, d'autres couleurs bien tranchées encore.

A retenir l'originalité du luminaire en cuivre hollandais, ses lustres (fig. 22), ses candélabres dont le métal souriant égaie si favorablement la majesté massive du bahut. Ces lustres que la Flandre se dispute, dont les lourds renflements sont si caractéristiques sur la tige centrale d'où jaillit, pour le contraste, une double et même triple superposition de branches élégantes.

L'orfèvrerie hollandaise compte, en propre, des artistes remarquables, notamment les Paulus Viana (1620), les Chrétien et Adam Van Viana (fig. 67), les Mathieu Melin, de la première moitié du XVIIe siècle, également, et Johannes Lely (fig. 69) au XVIIIe siècle. Sans oublier Johannes Lutma (fig. 73) (1624-1685 ou 1689) qui inventa un procédé de gravure au pointillé où le ciselet et le marteau combinés firent merveille dans la matière d'argent. Lutma, d'autre part, fut un excellent aquafortiste.

Mais il nous tarde, au bout de cette énumération de la dinanderie, d'aborder l'étude du meuble flamand et hollandais sur lequel l'accessoire

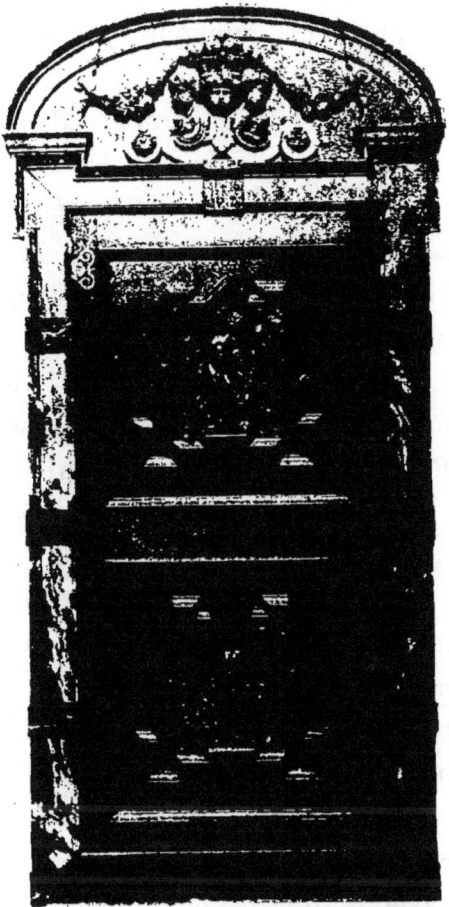

Phot. Jos. Casier.

Fig. 84. PORTE AVEC PANNEAUX DÉCORÉS, vantail en chêne sculpté (Bacchus et Cérès). Baron G. Van de Werve et de Schilde, Anvers, XVIIe siècle. *(Art flamand.)*

métallique s'imposera en beauté supérieure et autour de quoi l'art appliqué épanouira favorablement sa verve.

Aujourd'hui, en matière d'art appliqué, la Belgique de même que la Hollande participent à ce mouvement de rénovation générale auquel l'Angleterre, premièrement, sous l'action de William Morris et la France, dès 1889, avec Émile Gallé, obéirent.

Toutefois, en l'absence de traditions esthétiques moins enracinées sinon moins glorieuses qu'en France, les innovateurs eurent plus beau jeu à l'étranger que chez nous. On remarque qu'à défaut d'une statuaire éloquente, tant en Angleterre qu'en Hollande et en Allemagne, la sculpture au service de la forme est presque éliminée de l'art nouveau dans ces pays. Des incrustations et applications en arabesques de cuivre sur des bois colorés, au naturel ou artificiellement, distraient l'œil plutôt que des courbes et modelés en relief ne sont conviés à la caresse de la main. On sort ainsi de la formule du passé, plutôt au sens graphique que plastique, mais avec une volonté et une logique exemplaires.

La Belgique, en 1894, ouvrit la première exposition de *la Libre Esthétique* où une large place fut faite aux arts décoratifs, et *la Maison d'art*, installée dans l'ancien hôtel du célèbre avocat Edmond

Picard, présenta à l'architecture bruxelloise les créations de l' « art nouveau » de tous les pays.

C'est l'heure où s'improvise un style belge; c'est l'heure où naissent, sous un empire désinvolte, ces « produits brabançons » qui, tout en partageant les lazzis avec l'art munichois, tiennent néanmoins, logiquement tête au démarquage et à l'imitation invétérée des modèles du passé.

Mais il faut répéter, à propos d'architecture originale devancière, le nom de Poelaert, auteur du *Palais de Justice* de Bruxelles, où se mélangent audacieusement tous les styles. Poelaert, qui construisit aussi l'église de Laeken (1875), plutôt

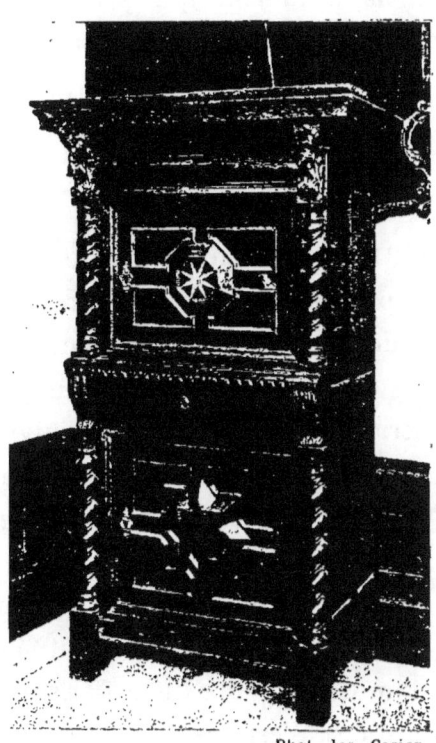

Phot. Jos. Casier.

Fig. 85. ARMOIRE A DEUX CORPS, de la Gilde de Saint-Sébastien de Dacknam, meuble en chêne avec incrustation d'ivoire (musée d'archéologie, Lokeren), XVIIe siècle. *(Art flamand.)*

un dessin de visionnaire qu'un monument d'architecture. Poelaert, artiste curieux, d'un goût discutable mais affranchi, qui précéda, semble-t-il, les hardiesses d'un Victor Horta (auteur de la Maison du Peuple), d'un Hankar, créateurs d'avant-garde dont les erreurs évidentes furent néanmoins si fécondes !

Car les expositions de Liége (1905), de Bruxelles (1910), de Gand (1913) montrèrent à la suite, des expressions assagies d'après l'exemple brutal précédent, et le goût flamand a tempéré aujourd'hui ses enthousiasmes d'ampleur et de richesse. Ses boiseries, étoffes, broderies, cuivres, etc., revenus de l'exagération qui marque fatalement toute réaction, ont trouvé dorénavant leur voie normale de beauté originale et moderne.

Tout comme les États scandinaves, encore, la Hollande, grâce notamment au talent prophétique d'un G. de Feure (né à Paris où il a trouvé la consécration), s'est inscrite au premier rang du progrès. A l'*Ideal Home Exhibition*, de Londres, la section moderne hollandaise se plaça hors de pair. Des emprunts ingénieux furent faits à l'art colonial; puisant dans ces trésors, a-t-on dit, les Néerlandais comme les Anglais surent y découvrir des éléments décoratifs à l'aide desquels, avec un tact et une mesure exquis, ils réussirent à rajeunir, dans l'objet usuel de chez eux, un certain nombre de formes et de décors.

Nous n'aurions garde d'oublier, enfin, en élargissant le cercle de beauté qui nous occupe et avant de poursuivre par l'éloge du meuble, que Grétry, l'une des gloires de l'opéra-comique français, est natif de Liége, ville qui donna aussi le jour à César Franck, l'auteur illustre des *Béatitudes,* mort à Paris où il avait terminé son éducation musicale.

Et il n'apparaît pas qu'en Hollande l'art de la musique ait été célébré par des personnalités aussi saillantes.

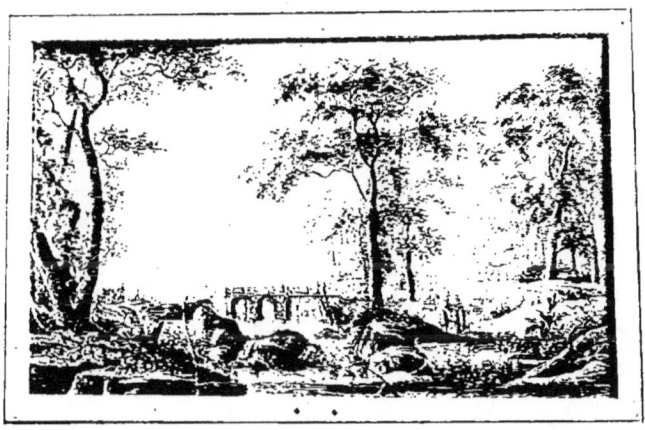

Faience bleue, de Delft, peinte par Frédéric Van Frytom, en 1660 (Ned. Mus. V. Gesch. En Kunst. Rijksmus. Amsterdam). *(Art hollandais.)*

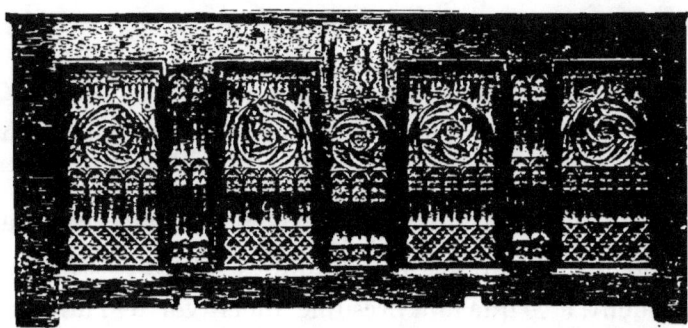

Phot. Jos. Casier.

COFFRE EN CHÊNE (XVe siècle), décoré de panneaux à fenestrages (musée du Steen, Anvers). *(Art flamand.)*

CHAPITRE VI

Les Meubles flamands et hollandais.

L'architecture flamande avait été impressionnée par l'art magnifique de P.-P. Rubens, et le meuble du XVIIe siècle ne pouvait résister à cette influence étoffée et lourde qui prépara au charme opulent et massif de la Vénus flamande, son décor harmonieux. De cette époque datent deux pièces fameuses exécutées sur les dessins et sous la direction du peintre de *la Descente de croix*, pour le premier ministre de Philippe III. Ces meubles, en écaille marbrée, comportaient des sculptures et ornements en ivoire et notamment 18 figures en ronde bosse qui en disent long sur leur richesse, sans sobriété ni légèreté, autrefois abritée dans la collection Debruge-Duménil.

Nous donnons, d'autre part, à la figure 82, un « ribbank » dont les lignes amples et robustes relèveraient, à ce que l'on présume, du crayon de Rubens.

Au fronton du meuble flamand doivent s'inscrire ces meubles symboliques du génie d'une race, dans la forme exaltée plutôt que créée, nonobstant toutefois l'originalité qui résulte de cette adaptation d'après le modèle français. Le meuble partage avec l'architecture dont il est le diminutif, cet avantage de refléter par l'ornementation, tout au moins, l'esprit, le caractère d'un peuple, malgré ses emprunts. En outre, le chapitre de l'architecture nous instruisit sur la mêlée d'inspiration qui résulta fatalement des multiples avatars politiques des Pays-Bas, possédés successivement par les maisons de France et d'Autriche, subissant au surplus le goût espagnol et, pour ce qui la concerne particulièrement, la Hollande s'imprégnant nettement de l'orientalisme, mais volontairement cette fois, sous l'empire de ses audacieux navigateurs.

De même que la Hollande avait puisé dans son cœur l'originalité de son art pictural, c'est encore dans l'intimité du foyer qu'elle atteindra à sa personnalité mobilière.

LES MEUBLES FLAMANDS ET HOLLANDAIS 173

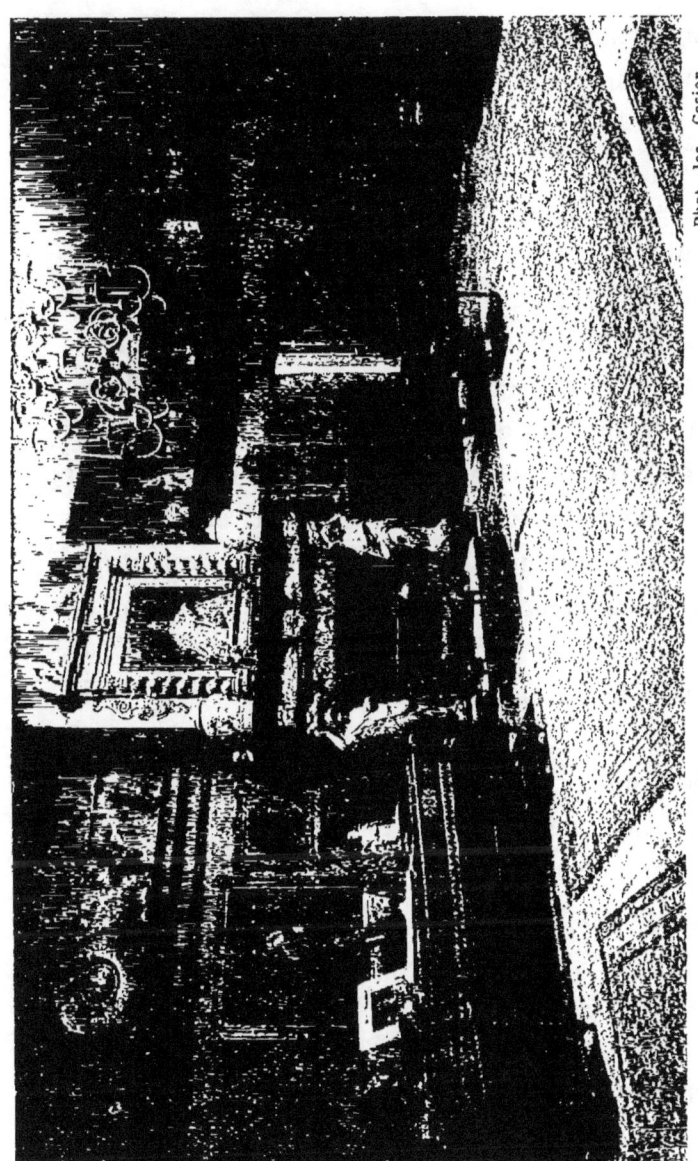

Fig. 88. Cabinet d'amateur du XVIIe siècle (ensemble), reconstitution à l'aide de documents authentiques. *(Art flamand.)*

Mais n'anticipons pas, et nous verrons plus loin, qu'en compensation des apports étrangers subis, la terre natale d'Érasme exercera sur le mobilier anglais un joug caractéristique. C'est donc à dessein qu'un meuble de Rubens pèse magnifiquement dans notre préambule et que nous indiquons, à travers des contagions de styles, l'ascendant hollandais, certaine fois, sur le meuble britannique. Une raison religieuse s'ajoutera aux précédentes influences : l'exode en Hollande, lors des dragonnades, de plusieurs artistes français protestants et notamment de Daniel Marot dont l'exemple fut particulièrement écouté dans l'expression décorative. Rappelons-nous aussi que ce furent des réfugiés français, après la révocation de l'édit de Nantes, qui dotèrent la Hollande de son industrie de la papeterie où elle devait égaler la France.

Retournons à présent en Flandre goûter aux prémices du meuble.

Les premières commandes datent des ducs de Bourgogne et concernent leurs demeures, et nous savons que le plus fastueux de ces princes français, Philippe le Hardi, avait établi dans les provinces flamandes le centre artistique le plus important de l'Europe. Tout le mérite de l'expression d'art qui nous occupe, remonte alors au génie des Van Eyck, des Memling, des Rogier Van der Weyden.

LES MEUBLES FLAMANDS ET HOLLANDAIS 175

Cependant, malgré que les ducs de Bourgogne aient résidé à la fois à Dijon et à Bruxelles, l'art,

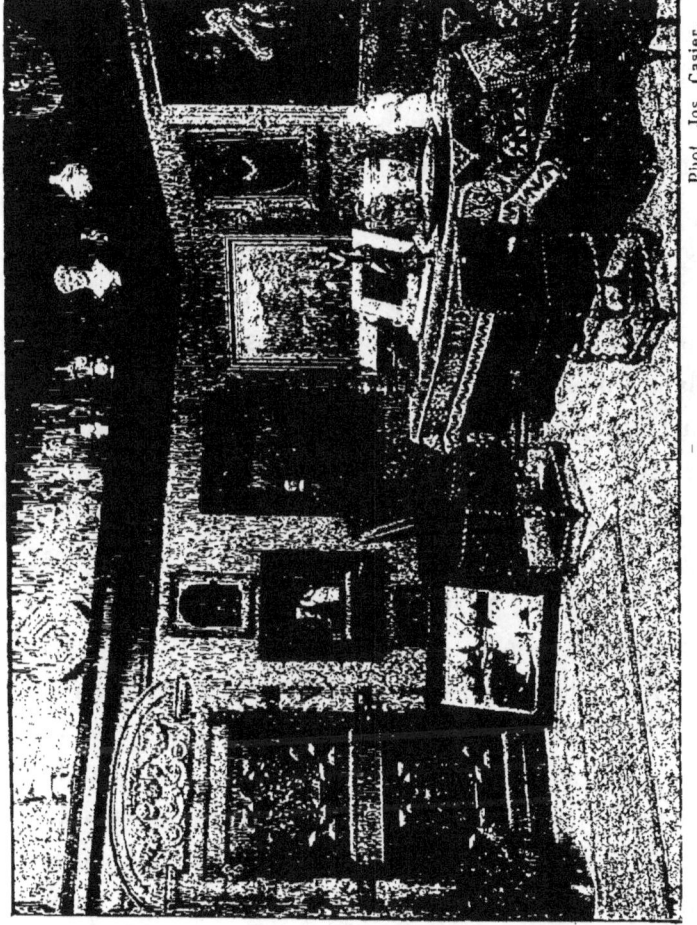

Fig. 89. Cabinet d'amateur (détail). (Art flamand.)
Phot. Jos. Casier.

unanimement encouragé par ces princes, ne saurait être séparé de la France, et l'on ne pourrait dissocier davantage les expressions esthétiques des Pays-Bas de celles de l'Allemagne en raison des rapports qui s'étaient établis entre ces pays, du fait de leur situation géographique.

Pourtant, la fécondité des artistes brabançons, surtout merveilleuse dans la sculpture sur bois, l'activité extrême des ateliers de Bruxelles et d'Anvers, dès la Renaissance, détermineront l'aube d'un art belge spécialement appliqué au meuble. Et, cette fois, ce seront des Belges, si l'on peut déjà dire, qui répandront leur talent, ajoutant ainsi à la confusion de la nationalité des exécutants. Mais, si un Flamand, Jean Florein, sculpta les stalles de l'église Sainte-Marie de Schaurgasse, à Cologne, et un autre Flamand, le fameux « ymaigier » des ducs de Bourgogne, Jacques de Baerze, les retables et les boiseries de la Chartreuse, à Dijon; si Albert de Brulle, d'Anvers (auteur déjà cité d'une *Vie de saint Benoist)*, orna les belles stalles de Saint-Georges Majeur, à Venise (en 1599), et tant d'autres Flamands encore celles de Rouen, Claës de Bruyn travaillera pour la cathédrale de Louvain; Pieter Van Oost (ainsi que nous l'avons précédemment dit) exécutera le plafond de l'hôtel de ville de Bruges, tandis que celui de l'hôtel de ville de Malines relèvera des soins de W. Ards (1449). Autres habiles sculpteurs sur bois flamands : B. Van Raephorst (auteur du grand

LES MEUBLES FLAMANDS ET HOLLANDAIS   177

rétable de Sainte-Waltrude, à Herenthals), Jean Bul-

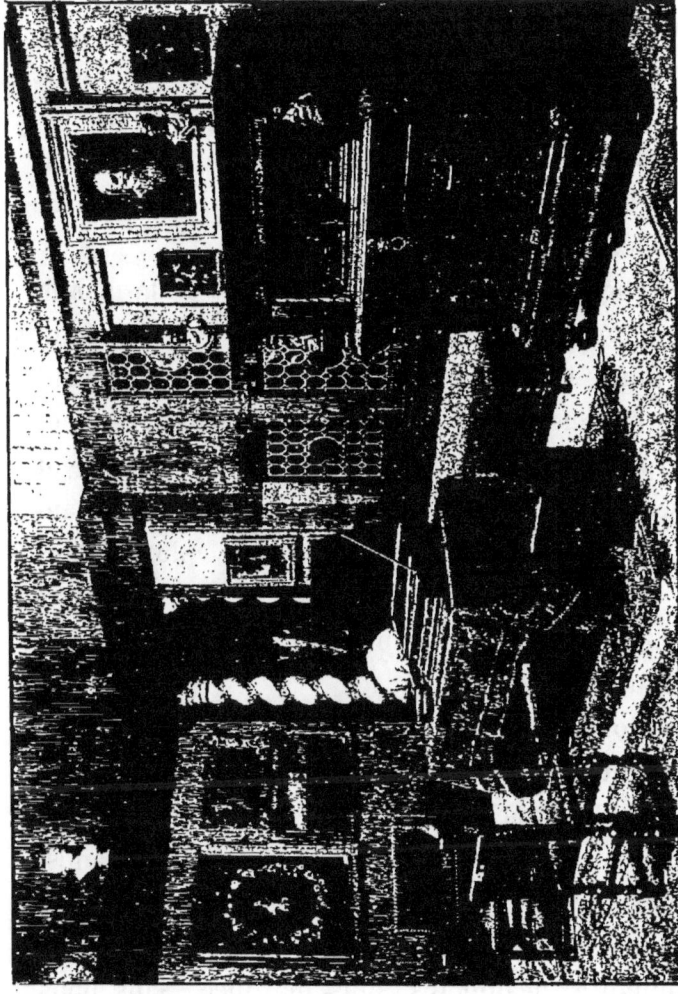

Fig. 90. CABINET D'AMATEUR (détail). (*Art flamand.*)

teel, né à Bossuyt, près de Courtrai (qui, en 1409, reconstitua les stalles du chœur de l'église de sa ville natale détruites, en 1578, par les calvinistes), Jean Vlaenders, dont les belles stalles, pour l'abbaye de Tournay (1459), furent détruites au xvie siècle, et Adam Steenberch, Henry Van Duysbourg, Pierre Straete, Louis Van den Broeck parmi les nombreux artistes dont les noms demeurent valeureusement attachés à la reconstruction des grandes Halles de Bruxelles, en 1409.

Les chefs-d'œuvre de la sculpture et de la menuiserie flamandes reviennent ainsi à l'esprit avant d'examiner le meuble proprement dit. Ils pourraient se résumer en l'évocation de la somptueuse cheminée du Franc. Et pourtant, après la gloire d'un Guyot de Beaugrant, celle des Urban Taillebert, des Lancelot Blondeel, obsède encore notre plume dans cette apothéose de tabernacles, châsses et autres dentelles de bois et de pierre déjà admirées avec la statuaire.

Étudions maintenant le meuble flamand. Mêmes étapes que notre style français avec des types presque identiques. Il y a du Louis XIV flamand, comme du Louis XV et du Louis XVI flamands. Pareillement pour le style hollandais, qui suit pas à pas notre manifestation nationale, mais avec une personnalité, néanmoins, plus marquée. Sans nous arrêter à la qualité individuelle que lui prêtèrent les différents artistes aux diverses époques, nous recon-

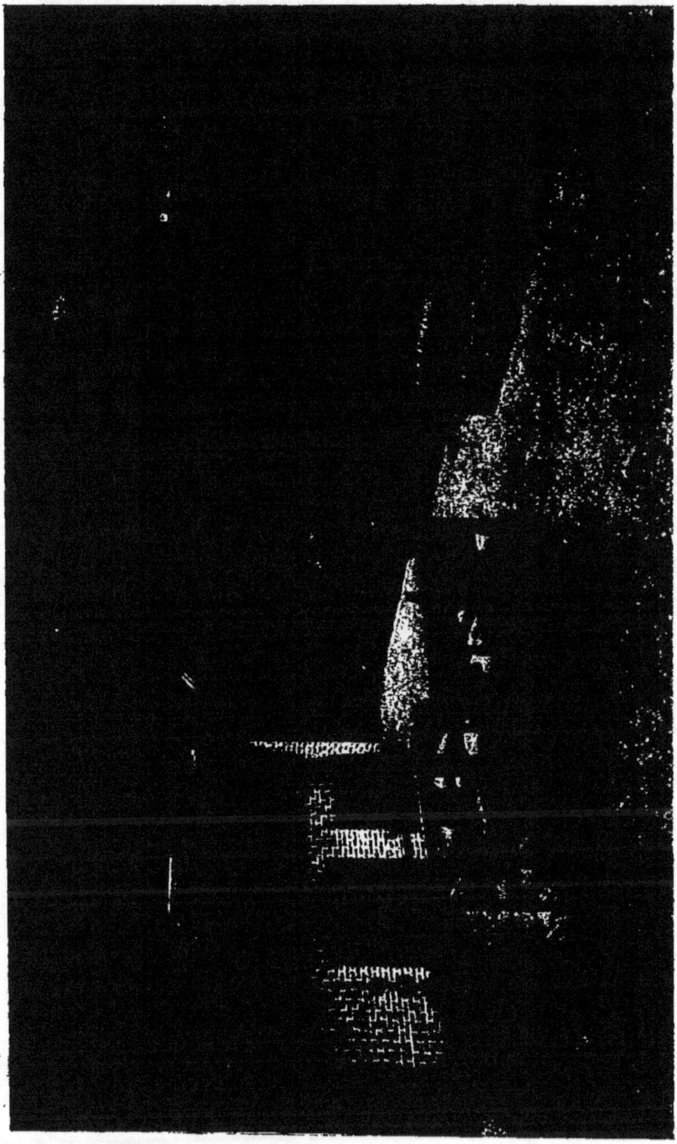

LES MEUBLES FLAMANDS ET HOLLANDAIS 179

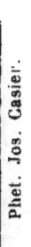

Fig. 91. Chambre des pauvres ou salle des Gouverneurs de la Chambre des pauvres, au XVIIe siècle. *(Art flamand.)*

Phot. Jos. Casier.

naîtrons généralement le style flamand à son aspect robuste, non exempt de lourdeur, et à son fini très riche, surtout. Quant au style d'un Franz **Floris**, par exemple, sous la Renaissance flamande, il équivaut à l'expression d'un Jean Goujon sous la Renaissance française, c'est-à-dire à une beauté révélée par des pièces uniques, qui ne saurait constituer un style malgré qu'elle y ait excellemment contribué. Et les contemporains des Floris, les Hans Liefrinck, les Cornélis Matsys, les Jérôme Cock, les Adrien et Hans Collaert, les Paul Fredeman de Vries, fils de Jean (né à Anvers en 1554) qui donna notamment un recueil de menuiseries, lits, etc., comptent encore parmi les artistes à l'effort d'ensemble desquels le meuble flamand doit sa qualité esthétique.

Évitons des précisions au delà de cette saveur de terroir à laquelle se familiarisera le lecteur en regardant nos précieuses gravures, empruntées, du moins pour toutes celles qui, dans notre ouvrage, portent le nom de M. Jos. Casier, à : L'ART ANCIEN DANS LES FLANDRES, *Mémorial de l'Exposition d'art ancien à Gand, en* 1913, par Jos. Casier et Paul Bergmans (1). Bornons-nous, en dehors de cette vision somptueuse et si édifiante déjà, à l'éloquence d'un costume, d'un motif régional, pour éclairer au surplus notre

(1) *Trois volumes in-4°, illustrés de 303 planches hors texte, Bruxelles et Paris, G. Van Oest et Cie, éditeurs,* 1914-1922.

LES MEUBLES FLAMANDS ET HOLLANDAIS 181

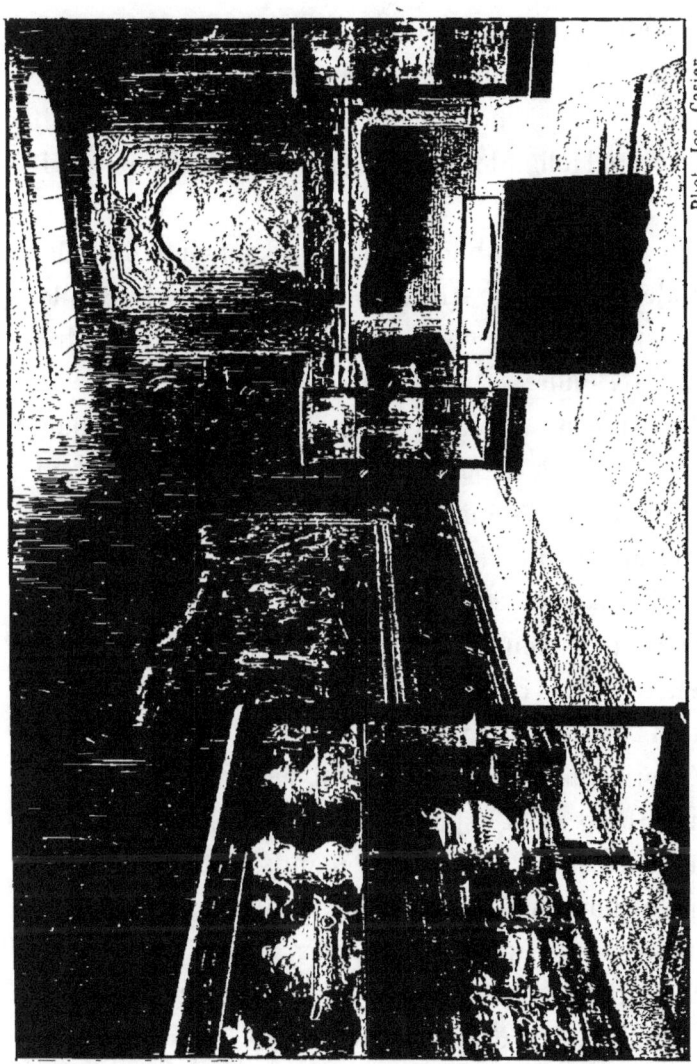

Fig. 92. Salon de l'Abbaye de Baudeloo (première moitié du XVIIIe siècle). (*Art flamand.*) Phot. Jos. Casier.

jugement. Souvenons-nous que Henri IV, en 1608, accorda un logement dans la Galerie du Louvre à un sculpteur-menuisier : Laurent Stabre, originaire des Pays-Bas, et qu'en revanche Jean Macé, un artiste du meuble également, natif de Blois, mais qui s'était formé en Hollande, obtint, en 1644, le même privilège.

Au reste, n'oublions pas la personnalité flamande, davantage troublante, d'un Pierre Boulle, qui serait le père de notre grand ébéniste André-Charles Boulle.

Les fameux cabinets et armoires d'ébène à quoi Anvers dût sa réputation au xviie siècle, ajoutent au désarroi ! Comment apprécier exactement leur provenance, du Nord, de l'Allemagne ou de Paris même ? Car les élèves des ébénistes d'Anvers émigrèrent dans toute l'Europe où ils répandirent leurs chefs-d'œuvre revêtus de pierres dures ou d'incrustations en os et en ivoire ; ces chefs-d'œuvre d'un fini précieux que, durant plus d'un siècle, les artistes de Nuremberg et d'Espagne ne purent égaler.

Pourtant, les artistes allemands, italiens, hollandais ou flamands qui s'employèrent aux styles français des xviie et xviiie siècles : les Cander Jean Oppenordt, les Roëntgen, les Golle, les Schmidt, les Caffieri, les Cramer, les Reuse, les Ewalde, les Beneman, les Verberckt, subirent les bienfaits de notre goût national, et le principe de cette acclimatation doit être accepté généralement, tant les chefs-d'œuvre typiques se réclament en propre du sol où ils naquirent, sous une direction volontaire qui, souvent, effaça jusqu'à la nationalité de leurs exécutants.

On distingue, certes, fréquemment, le travail français du travail italien, le travail allemand du

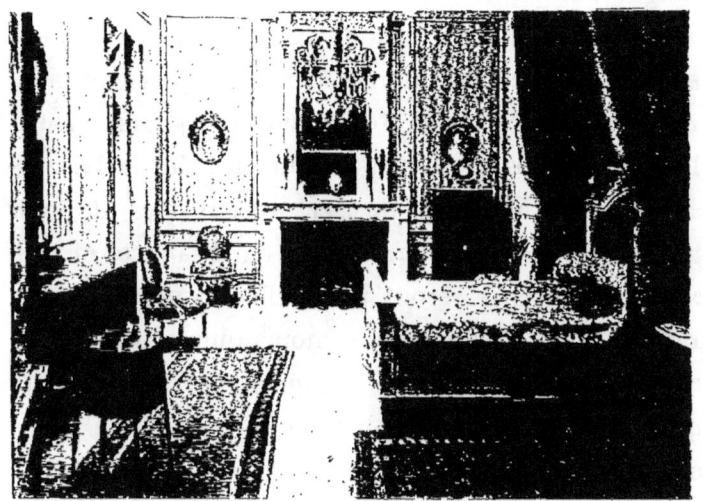

Phot. Jos. Casler.

Fig. 93. Reconstitution d'une chambre a coucher flamande du xviiie siècle.

travail espagnol et flamand, mais encore cette distinction concerne-t-elle plutôt la main-d'œuvre de l'ouvrier que le style de l'œuvre.

Les meubles où sont apposés les briquets des ducs de Bourgogne sont autrement explicites; ils ne peuvent renier leur origine franco-flamande, et aussi ceux dont parle M. de Champeaux, dans *le Meuble*, que soulignent notamment les armoiries du prince-évêque Everard de la Marck, du Saint-Empire et de la ville de Liége, avec tant d'autres écus qui sont des signatures purement flamandes, non moins que les légendes explicatives de certains sujets sculptés, en langue flamande.

Nous recourrons ensuite au moyen reconnaissable, plus général, d'une massiveté précieusement décorée, source de cette saveur à dégager, visuellement, de nos gravures. Au surplus, dès la Renaissance, les chaises à dossier, recouvertes de cuir gaufré et doré, apparaissent en Flandre et, au XVIIe siècle, elles seront particulièrement en faveur. Particularité à retenir, non moins que la qualité des cabinets que nous allons désigner, après avoir noté que, pour le grand nombre de coffrets et de petits objets mobiliers, la Flandre a rivalisé avec la Germanie.

« L'industrie des cabinets (fig. 81), écrit M. de Champeaux, prit une grande extension dans les Flandres sous le gouvernement réparateur des archiducs, succédant aux proscriptions sanglantes du duc d'Albe. Anvers, dont la prospérité remonte à cette époque, semble avoir été le principal centre de cette production... » Ici reparaissent les frères Franz et Corneille de Vriendt, inspirant le décor du meuble, et brille la dynastie des Franck et des Breughel avec la famille des de Vos, qui précédèrent la venue écla-

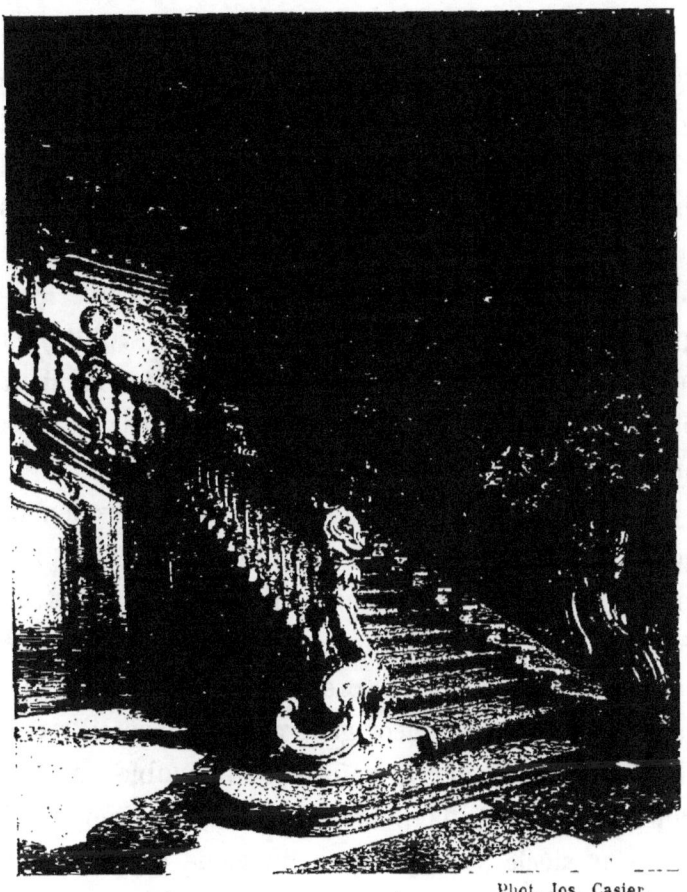

Phot. Jos. Casier.
Fig. 94. ESCALIER LOUIS XV (d'un hôtel datant de 1547, remanié au XVIIIe siècle, Gand). *(Art flamand.)*

tante de Rubens. Les peintures ou les dessins de Breughel, des Franck, de Rubens, authentiquent ces meubles rares, lorsque ce ne sont point des gravures ou des dessins du Hollandais Goltzius, ou bien, davantage encore, des marques plutôt déconcertantes, en ce sens qu'elles rapportent quelquefois à la Flandre un travail nettement étranger. Nombre de ces cabinets peuvent avoir été exécutés en Allemagne, en dépit de leurs peintures flamandes ou hollandaises, et l'incertitude de se prononcer catégoriquement s'accuse encore lorsqu'il s'agit de ces armoires en ébène sculpté, si rebelles au ciseau, a-t-on estimé, qu'elles seraient plus logiquement attribuables à la patience des artisans du Nord, des Allemands, entre autres.

A la fin du XVIe siècle, les dessins de Fredeman de Vries, qui inspirèrent unanimement l'art flamand, firent merveille dans le meuble, à la sculpture duquel se trouve brillamment attaché le nom de Jean Van de Velde, d'Ypres, vers 1644. En terminant cet exposé d'aspect général, nous conseillerons au lecteur de situer la réforme du meuble parallèlement à celle de la peinture, rénovée et amplifiée au XVIIe siècle sous l'empire du génie et à l'image des toiles, orientées vers le naturalisme, d'un Rubens.

Mais ce que nous avons jugé relativement à l'architecture monumentale pourrait se confirmer à propos du meuble rare. Les meubles exceptionnels, comme les cathédrales, sont d'une éloquence moins personnelle, d'un style moins édifiant que les meubles simples et la maison commune. Les chefs-d'œuvre isolés, de même que ceux subordonnés à la loi classique, c'est-à-dire suggestionnés, implantés, ne réflé-

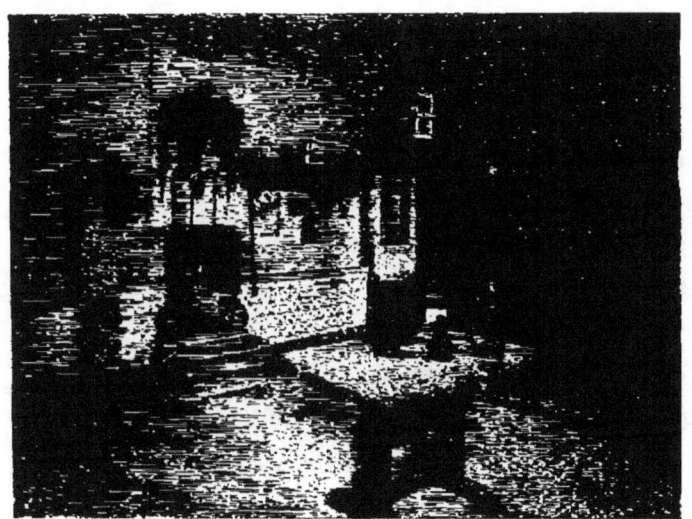

Phot. Jos. Casier.
Fig. 95. CUISINE FLAMANDE,
reconstitution à l'aide de mobilier des XVIe, XVIIe et XVIIIe siècles.

chissent point l'expression natale, spontanée et traditionnelle d'un peuple. Bien qu'il ne faille pas oublier que le meuble populaire est issu de celui de la cour et de types individuels, ce serait une erreur de chercher, aussi bien au musée que dans le luxe, les caractères d'un style qui, au contraire, se manifeste plutôt dans un ensemble de production courante.

On remarquera, en outre, que l'influence universelle des styles mobiliers de la France témoigne des préférences différentes à chaque nation. C'est notre Louis XVI convenant particulièrement à l'Angleterre et, à la Flandre et surtout à la Hollande, nos styles du xviie siècle. De même que la froideur distante du Louis XVI correspond au tempérament d'Albion, quelque lourdeur agrée à la Flandre et davantage à la Hollande, plus proche de l'Allemagne, si pesante. Nous savons enfin combien la grâce de la Renaissance italienne séduisit la France et en quelle sobriété d'élégance nous devions convertir l'exemple maniéré.

De ces divers accommodements au caractère d'un sol comme à l'esprit d'un peuple, résultèrent ces variations sur le thème français qui tiennent lieu, à l'étranger, de style original.

Pour nous en tenir au meuble flamand (sur lequel les ensembles montrés par nos gravures [fig. 88 et suivantes] édifient à souhait), nous admirerons donc celui-ci en liaison avec le nôtre, et le parfum propre de son décor, plutôt, le départagera. Car, aux temps les plus lointains, les genres et destinations du meuble de tous les pays sont les mêmes; ils sont voués premièrement à l'embellissement de la cathédrale et de l'hôtel de ville : les deux cultes, religieux et laïque.

LES MEUBLES FLAMANDS ET HOLLANDAIS   189

Ce sont des bancs en chêne sculpté, à haut dossier et à accoudoirs, dont les panneaux du haut, sculptés à profusion, ralentissent au bas leur effusion, dans ce décor de « serviettes ou parchemins roulés » si commun à notre moyen âge.

Mais les sculptures flamandes seraient peut-être

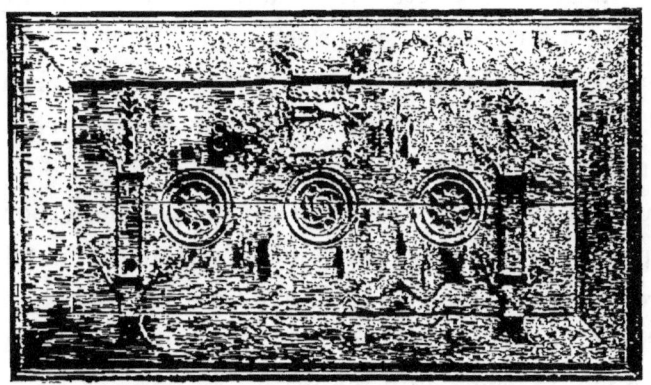

Fig. 96. COFFRE HOLLANDAIS, en chêne,
milieu ou deuxième moitié du xve siècle
(Ned. Mus. V. Gesch. En Kunst. Rijksmus. Amsterdam).

d'un relief moindre et d'un travail plus serré que chez nous, et les motifs auxquels elles empruntent au début manifestent une sécheresse géométrique, une maigreur assez personnelle qui s'étoffera d'époque en époque pour prendre tout son embonpoint au xviie siècle.

Voici, au xve siècle, des chaires à une ou plusieurs places, que l'on n'attribue guère à la Flandre que parce qu'on les trouva en Flandre. A vrai dire, leur physionomie n'est point originale davantage que celle de ce dressoir dont, cependant, les panneaux plissés, ajourés et pleins, présentant des tracés de fenestrations riches et variés, pourraient bien se réclamer du travail flamand. Ces escabeaux et coffres moyenâgeux (en-tête du chap. VI et fig. 74), d'autre part, sont peu éloquents dans l'ordre d'un discernement typique; leur bois de chêne est rustiquement fouillé de décors sommaires et banaux.

On attendra, en somme, la fin du xve siècle pour apprécier des meubles personnels, surtout, il faut le dire, lorsque ceux-ci, à défaut d'une signature, rappellent, comme ceux de Fredeman de Vries, par exemple, le genre d'un maître.

Tel bahut à deux corps superposés, aux frises du couronnement et de la base délicatement sculptées, chante notamment le style de Fredeman, au xvie siècle. On connaît ce bahut d'avoir contemplé, dans un recueil, des compositions similaires du célèbre artiste. De même pour ce grand lit à baldaquin et à balustres « dont la partie centrale est disposée en forme d'armoire à deux battants décorés de bas-reliefs religieux ». Pourtant, cette fois, la vision de ce genre de meuble se renforce d'un témoignage irrécusable. Dans le cartouche soutenu par des anges, qui surplombe sa galerie supérieure, on lit : Vries inv. 1565.

Les cabinets élégants, dus particulièrement à l'ima-

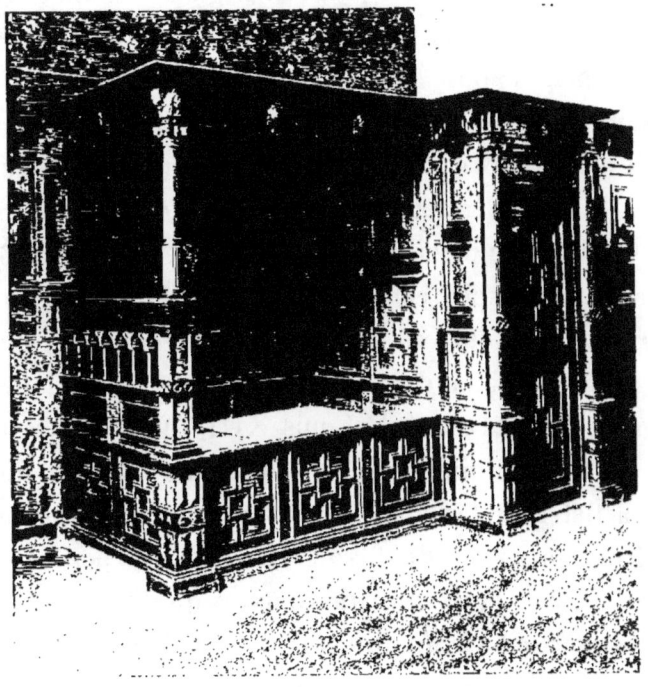

Fig. 97. LIT ET BOISERIE HOLLANDAIS, en chêne, 1626
(Ned. Mus. V. Gesch. En Kunst. Rijksmus. Amsterdam).

gination spirituelle de Fredeman, n'ont cependant point besoin d'une signature pour être reconnaissables, en principe, ainsi que nous l'avons observé ; au surplus, comme dès Henri IV ce furent des ouvriers français qui se rendirent dans les Pays-Bas sur l'ordre de ce monarque, pour s'y instruire des procédés de l'art de l'ébénisterie, on peut déjà conjecturer que les meubles en bois d'ébène, et spécialement les cabinets, sont d'origine flamande ou bien allemande, suivant les raisons d'un doute précédemment exposé.

Comme notre école de sculpture était, tout au début du xviie siècle, presque décadente, et jusque dans les premières années du règne de Louis XIII, on serait tenté de croire que le style de ce roi, plutôt que d'avoir inspiré celui des Pays-Bas, lui fut suggéré par eux. Toujours est-il, insistons sur ce point, que le mobilier hollandais le plus typique se réclame, comme aspect, du style Louis XIII, qu'il ait adopté ce style en communauté de caractère ou bien que les artistes hollandais... et allemands aient séduit le front taciturne du fils de Henri IV au point que ce dernier s'appropria leurs œuvres qu'il se contenta de convertir au goût français de son temps.

Cette hypothèse concernerait moins la Flandre... belge, si l'on peut dire ; du moins, l'exubérance riche et joyeuse d'un Rubens creva-t-elle le nuage noir qui pesait en France au début du xviie siècle, tandis que le ciel gris perle de la Hollande semblait singulièrement entretenir l'éclat de rire de ses petits maîtres et que le clair-obscur de Rembrandt lui tenait lieu de lumière intense. Mais nous nous sommes expliqué plus haut sur les styles adaptés au tempérament de chaque peuple.

Et remontons au xvie siècle, en Flandre.

De Fredeman de Vries, encore, une chaise sculptée, typique avec son double cadre, l'un à la base des pieds, l'autre entre les pieds et la ceinture

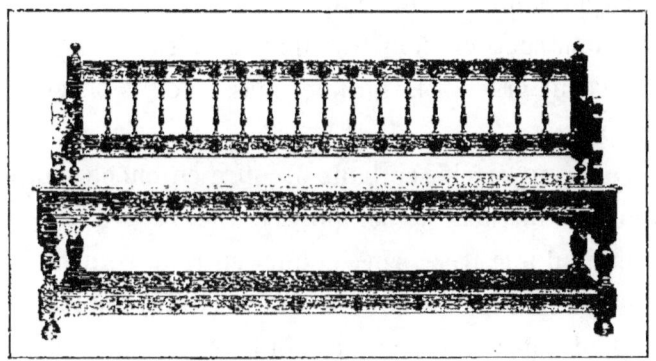

Fig. 98. BANC HOLLANDAIS, en chêne,
commencement du xviie siècle
(Ned. Mus. V. Gesch. En Kunst. Rijksmus. Amsterdam).

du siège. Et, à la fin du xvie siècle, enregistrons un bahut à deux corps superposés qui représente le type du meuble, au goût de l'époque, envahi par les formes architecturales. Ce beau bahut en chêne et ébène comporte des pentures et serrures dissimulées dans l'épaisseur du bois. Il repose sur des sphères plutôt lourdes, et des colonnes, parées de sculptures distribuées avec esprit, disposent les volumes harmonieusement.

Rien à dire des crédences (quelques-unes sont rectangulaires) en dehors de leur charme sculptural, mais voici un lit intéressant. Il est adossé sur deux de ses faces et supporté sur des boiseries et une colonnette d'angle. Au moyen âge, des courtines au plafond de l'appartement remplaçaient le ciel du lit.

Et ce bahut en chêne, de la fin du xvie siècle, avec sa construction non dissimulée, n'est pas moins attrayant grâce à la grande finesse de ses ornements sculptés.

Du xviie siècle, ce banc à coffre en chêne sculpté, dont le dossier se compose d'une balustrade surmontée d'une frise ornée et que centrent des armoiries peintes. Assez curieux aussi ce confessionnal portatif, de la même époque, dont se réclament encore ces fauteuils dits « Rubens » (fig. 89), aux montants torses, aux dossiers et sièges de cuir ou de velours fixés par des clous de cuivre à têtes arrondies.

Du xviiie siècle, cette garde-robe en chêne, à vantaux richement sculptés.

Les styles étrangers, au demeurant, s'inspirent sans relâche de ceux de la France, dans l'aspect architectural qu'ils adaptent à leur goût propre, à leur décor particulier; cela nous dispensera d'insister sur leurs signes reconnaissables, assez proches des nôtres. Au surplus, la Flandre française et les apports communs à la France et aux Flandres occidentale et orientale mêlent, ainsi que nous l'avons fait ressortir, dans une technique similaire, les conceptions mobilières qui nous occupent. Reste l'influence capitale, générale et décisive d'un Rubens prolongeant en Flandre le goût du XVIIe siècle français, avec des caractéristiques flamandes où le luxe du détail s'accompagne de quelque lourdeur majestueuse.

Le XVIIIe siècle français n'exerça donc guère d'emprise sur le goût du mobilier flamand, du moins

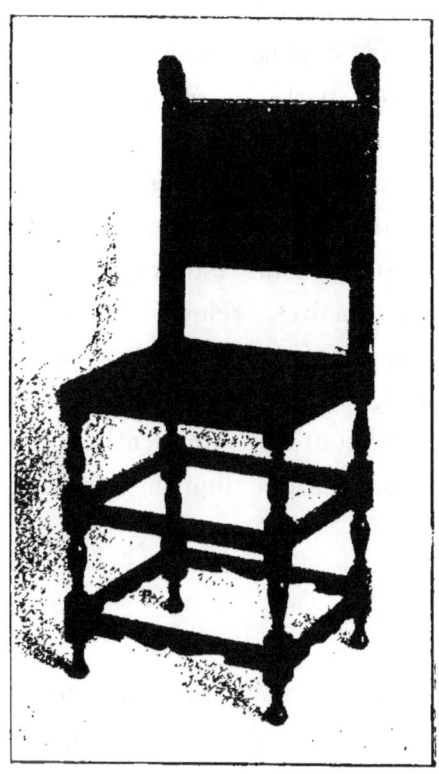

Fig. 99. CHAISE HOLLANDAISE, en bois de palissandre, première moitié du XVIIe siècle (Ned. Mus. V. Gesch. En Kunst. Rijksmus. Amsterdam).

dans le sens du nombre et de l'originalité. L'ordonnance du meuble flamand, plutôt massive depuis le XVIIe siècle, le demeura aux époques successives pour sa personnalité la plus saisissante. Nos formes graciles, contournées, du xviiie siècle, ne furent guère comprises en Flandre que dans la robustesse alliée, pour le décor, à ce souvenir espagnol dont nous avons parlé, en échange de quoi les peintres de la Flandre avaient prodigué leur avantageuse influence aux anciens peintres de l'Espagne. Puis, après le xviiie siècle, la proximité française entraîna la Flandre dans l'altération de ses styles classiques exemplaires, relevés un instant par l'expression napoléonienne; et nos jours, enfin, comptent la Belgique parmi les pionniers de l'art moderne qui, dans toutes ses applications, se doit de figurer notre époque aussi dignement que les glorieux styles du passé.

* * *

Nous avons indiqué que le style du mobilier était particulièrement éloquent dans les Pays-Bas et, sous le rapport de l'intimité comme de la vie similaire, le foyer hollandais et le *home* anglais voisinèrent en notre pensée. Ces deux intérieurs bourgeois s'harmonisent effectivement, au point de vue esthétique, tant dans l'expression du passé que dans l'effort moderne.

Que cette épithète « bourgeoise » ne soit surtout

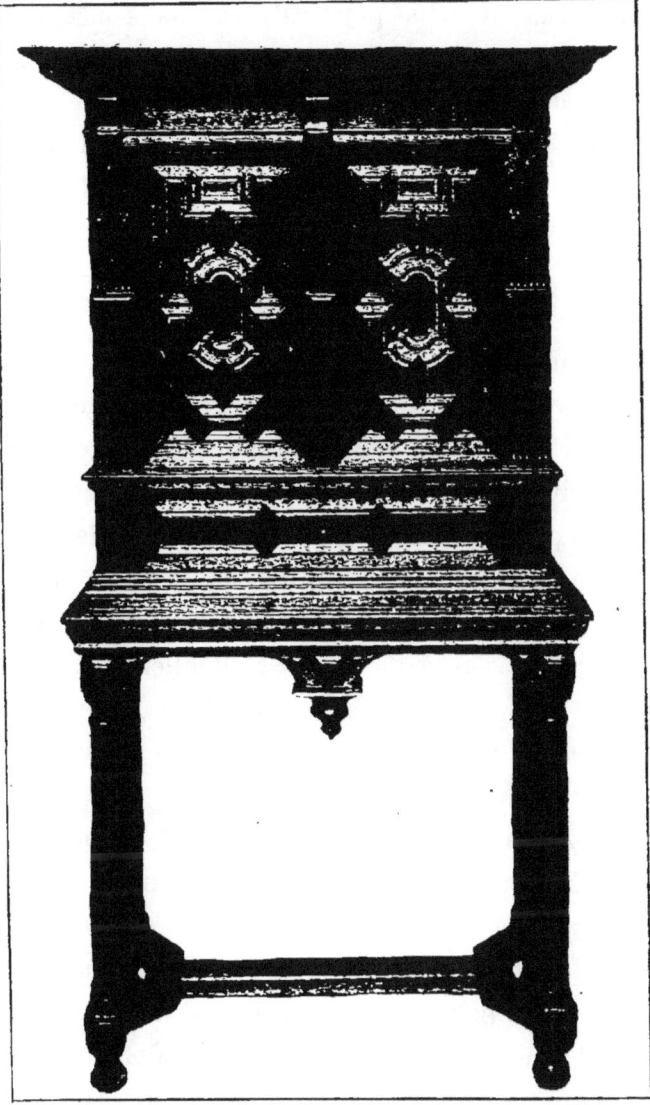

Fig. 100. PETITE ARMOIRE HOLLANDAISE, en chêne, première moitié du XVIIe siècle (Ned. Mus. V. Gesch. En Kunst. Rijksmus. Amsterdam).

point prise au sens péjoratif, car la conception artistique propre aux deux pays se recommande, au contraire, d'un goût excellent !

De ses relations commerciales avec l'Angleterre, la Hollande, ainsi que nous l'avons noté à l'architecture, avait gardé, au début, des souvenirs dont son art s'imprégna avec ceux de l'Orient, principalement. Mais ces souvenirs s'adaptèrent plutôt à une communion d'atmosphère domestique, tandis qu'en revanche, l'Angleterre, pour son mobilier, emprunta largement à la Hollande. Nous développerons plus loin l'origine et la matérialité de ces échanges pour traiter d'abord du meuble hollandais.

Constatons premièrement que les œuvres de la Renaissance sont plus rares en Hollande qu'en Flandre; la légèreté de ce style, d'ailleurs, n'avait guère de chance de réussir au pays de Rembrandt dont le bahut vaste, massif et sévère, est symbolique au XVIIe siècle.

Ce large bahut, à lourd entablement, à pilastres ronds et à grands battants de bois d'acajou et d'ébène, d'acajou bordé d'ébène frisé, à pointes de diamant, cloisonné, supporté sur la façade par deux énormes billes dont les peintres néerlandais ont à l'envi garni leurs tableaux. Ce large bahut que s'efforçaient de faire sourire l'éclat d'un lustre en cuivre, typique, et des tentures de cuir polychrome, gaufré et doré,

LES MEUBLES FLAMANDS ET HOLLANDAIS 199

menées jusqu'au plafond à partir des boiseries montant à hauteur d'homme, et cloisonnées dans des moulures de bois exotiques finement sculptées.

Ce large bahut éclairé par une longue fenêtre à vitraux plombés, et à glissières s'ouvrant verticalement, de bas en haut, dont les petits rideaux, jouant sur des tringles, occupent, sur toute la longueur, la partie inférieure; ce large bahut dont les ancêtres, à l'époque ogivale, se contentaient de ressortir sur des lambris de bois montant toujours à mi-hauteur, mais sur des murs crépis à la chaux,

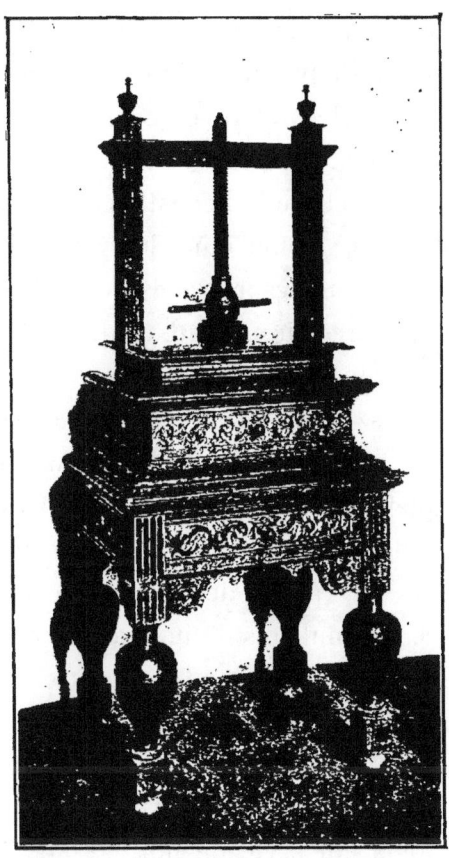

Fig. 101. PRESSE A LINGE HOLLANDAISE, première moitié du XVIIe siècle (Ned. Mus. V. Gesch. En Kunst. Rijksmus. Amsterdam).

Toute la décoration d'alors consistait en la sculpture des consoles, quelquefois filetées de peinture rouge, qui soutenaient les poutres de chêne apparentes au plafond. Puis, dans la seconde moitié du xive siècle, des revêtements de peinture, sans complication ornementale, modifièrent le précédent aspect malgré la persistance des lambris et des murs blanchis, même dans les intérieurs les plus riches, tandis que les consoles sculptées qui supportaient les poutres au plafond, troquaient leurs motifs gothiques contre des motifs Renaissance.

Mais nous insisterons sur le bahut hollandais du xviie siècle, ce large bahut qui s'oppose caractéristiquement aux meubles d'un Rubens. Le premier, lourd, sobre et grave; les seconds, lourds encore, mais en raison de leur opulence exubérante. Ces pièces mobilières d'une majesté remarquable, devant lesquelles s'évoquent les deux immortelles gloires de la Hollande et de la Flandre : Rembrandt au génie concentré, Rubens au génie étalé.

Pareillement songeons-nous, devant ce bahut hollandais, au style de notre Louis XIII français qui semble avoir absorbé les préférences du style hollandais presque en entier, comme pour le contraste favorable des cuivres lumineux et des joyeuses faïences de Delft avec des créations plutôt sombres et rigides.

LES MEUBLES FLAMANDS ET HOLLANDAIS   201

Une autre suggestion nous viendra enfin, lorsque nous approfondirons le style hollandais : celle du style *queen Anne* anglais, du fait que Guillaume III fut un prince d'Orange qui, stathouder de Hollande, devint roi d'Angleterre en 1697.

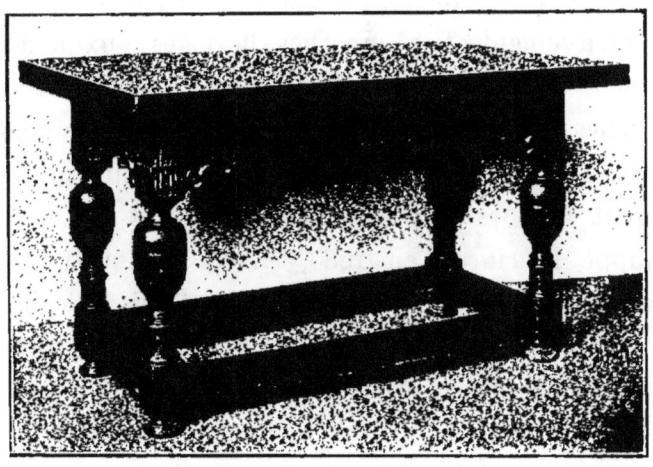

Fig. 102. TABLE HOLLANDAISE, en chêne,
première moitié du XVIIe siècle
(Ned. Mus. V. Gesch. En Kunst. Rijksmus. Amsterdam).

La carrure de l'armoire hollandaise (fig. 107) s'accompagne esthétiquement de l'horloge à pendule inventée par Huyghens. Le célèbre savant hollandais du XVIIe siècle flatta le goût pour ces superbes horloges à gaine qui, dans son pays, prirent sous un air massif leur développement élancé. Ces superbes horloges parées de bois aux couleurs sévères comme les armoires, ou bien sémillantes, comme elles encore, sous leurs atours de marqueterie claire sur fond sombre. Ces superbes horloges aux cadrans ingénieusement compliqués, marquant les heures tout autant que les phases de la lune, les mois et leur quantième, tandis que des petits bateaux, par exemple, oscillent au gré du mouvement. Ces superbes horloges auxquelles s'associe dans le souvenir la splendeur monumentale de celles qui, à partir du xive siècle, ornèrent les beffrois, éternellement émus des coups que prodiguèrent à leurs cloches les « jaquemarts ». Car si Philippe le Hardi, en 1383, enleva à Courtrai le « jaquemart » qui se trouve aujourd'hui à l'église Notre-Dame de Dijon, l'horloge à sonnerie, à carillon, demeure imperturbablement flamande.

Pour retourner au meuble hollandais, nous célébrerons généralement sa sobriété et sa virilité, son impassibilité, même, indiquée par son peu d'empressement à emboîter le pas aux styles à travers leurs différences. Car le meuble hollandais, après avoir simplement modifié son décor (sans toucher à la forme, comme partout ailleurs) aux diverses époques, conserva jusqu'au milieu du xviie siècle, du moins pour certains exemples frappants, les motifs du moyen âge, les serviettes ou parchemins roulés, notamment.

Mais à ce moment, vers 1640, l'usage des bois de couleur exotiques se répandit, qui trouva sa voie originale dans une délicate marqueterie. Le décor naturel, végétal et floral, rompait ainsi brusquement avec les stylisations anciennes. La prédilection des Hollandais pour les fleurs, dont nous avons déjà donné un aperçu à la dentelle, exacerbée encore par l'exemple de liberté qui lui venait de l'ornementa-

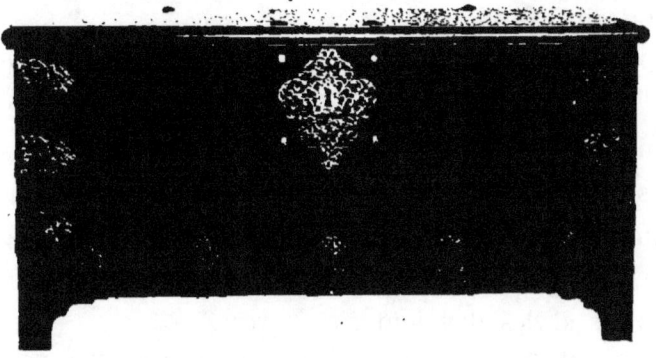

Fig. 103. COFFRE HOLLANDAIS, bois exotique,
deuxième moitié du XVIIe siècle
(Ned. Mus. V. Gesch. En Kunst. Rijksmus. Amsterdam).

tion orientale, devait triompher dans la mosaïque du meuble, en bois clair sur bois sombre et, aussi, enrichi de matières précieuses. Témoin certaine table, visible dans la grotte du palais de Postdam, en pierre noire incrustée d'une guirlande en nacre de perle, signée : Dyrck van Ryswick Amstelodamus inv. et fecit 1655, auteur également d'un meuble analogue conservé au musée de La Haye. Néanmoins, autant les marqueteries italiennes étaient tapageuses, autant celles de la Hollande furent, en général, délicatement tempérées. De cette période datent ces beaux bahuts, cabinets, horloges à gaine, sièges (de ces poutres apparentes au plafond, de ces lambris même), que le style « queen Anne » fit siens, et aussi le « Georgian », mais avec, toutefois, la collaboration française dans cette dernière manifestation.

Dès le règne de Guillaume III et Marie, un Louis XIV hollandais, donc, avait fleuri en Angleterre, et nous avons expliqué pourquoi. Nous remarquerons encore que de l'avènement au trône de Guillaume III d'Orange date l'introduction en Europe des précieuses laques japonaises dont, depuis 1700, tous les styles devaient s'emparer.

Il s'ensuit que si l'Angleterre nationalisa ces apports hollandais, c'est à la Hollande que revient tout le mérite artistique de sa propre invention. Pourtant, à la grâce sans manière de ces meubles marquetés, où le bois clair domine, dont les moulures calmes accompagnent si harmonieusement la sérénité des formes, pleines, droites, sans ajours, se juxtapose le caprice élégant des bois tournés, dans les préférences hollandaises. Ici reparaît cette similitude avec le Louis XIII français que nous avons précédemment soulignée, cet accord d'expression au mépris cependant de la concordance des dates.

Est-ce à dire que nos styles du XVIIIe siècle n'obtinrent aucun succès esthétique en Hollande? Non

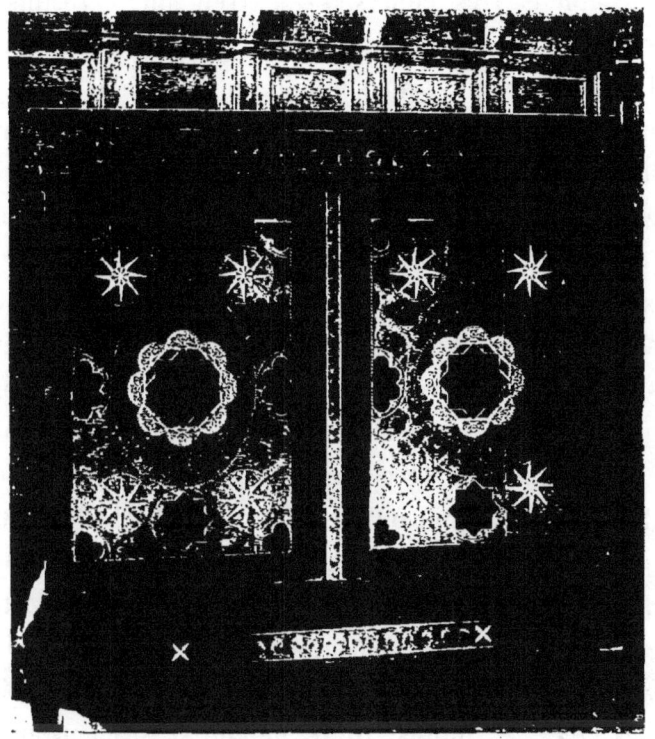

Fig. 104. Armoire hollandaise, en marqueterie, deuxième moitié du XVIIe siècle
(Ned. Mus. V. Gesch. En Kunst. Rijksmus. Amsterdam).

point; il semble même qu'à certaine période d'expression le meuble hollandais exagéra le caprice tortueux de nos bois, surtout en ce qui concerne le pied des sièges. Ces sièges, d'ailleurs, auxquels nous faisons allusion, sont d'une proportion inharmonieuse avec leur dossier trop haut comparativement aux pieds très courts, — extrêmement tordus et sculptés, — sous le siège bas. La surcharge ornementale des dossiers, au sommet, n'a d'égale, dans ces meubles, que celle de la large traverse qui solidarise leurs pieds sur le devant. Nous préférons à ces exemples ces belles chaises cannées, à dossier-médaillon entre colonnes torses, qui naquirent aux XVIIe et XVIIIe siècles. Les sculptures autour du dit médaillon sont aussi fines que touffues, et la très large traverse signalée plus haut, sculptée non moins abondamment, accompagne richement la chaise sur sa face.

Très Louis XIII ces chaises cannées ou tapissées de cuir de Cordoue ou de velours d'Utrecht (fig. 105) que la Flandre tout entière et l'Espagne, en souvenir de sa domination, adoptèrent d'après l'idée française. Ces chaises dont le XVIIIe siècle hollandais voulut le dossier très élevé et très étroit ou bien très bas, à moins qu'il ne fût capricieusement contourné (fig. 109), mais qui nous séduisent davantage lorsque leurs lignes sont calmes, cernées de gros clous de cuivre et rehaussées à l'extrémité du dossier par des motifs en même métal.

En dépit des variations intéressantes jouées sur la rocaille de notre Régence et de notre Louis XV par la Hollande, il n'apparaît point une origina-

LES MEUBLES FLAMANDS ET HOLLANDAIS 207

lité réelle, en dehors, toujours, de cette nuance d'interprétation, jamais indifférente, propre à chaque

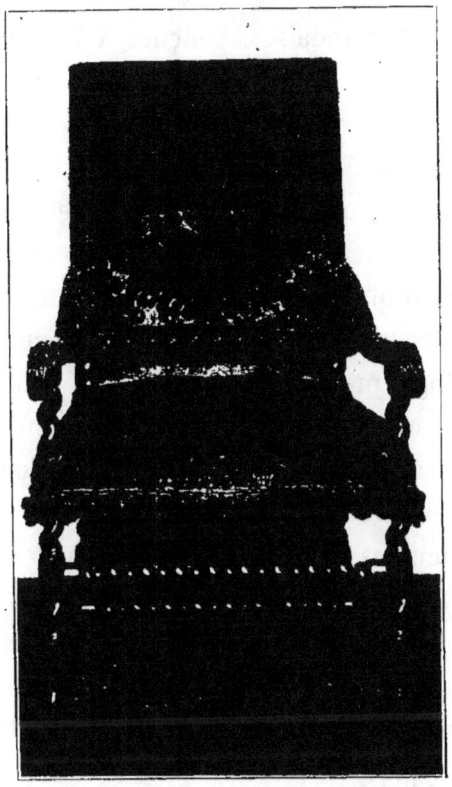

Fig. 105. Fauteuil hollandais, en noyer, deuxième moitié du XVIIe siècle (Ned. Mus. V. Gesch. En Kunst. Rijksmus. Amsterdam).

pays. Si l'on suit notamment, sur les lambris et sur le manteau des cheminées hollandaises, les arabesques empruntées à notre conception française, celles-ci ne témoignent pas d'une égale fantaisie, d'un mouvement aussi frais et ingénieux. Point davantage les commodes hollandaises, conçues à la manière française du XVIIIe siècle, ne sont-elles imprégnées du charme des nôtres.

En résumant ces préliminaires, il se confirme que le XVIIe siècle, et plutôt l'heure triste et pesante du père du roi-soleil, répondit mieux au caractère d'un pays limitrophe de l'Allemagne et dans cet instant, réapparaissent, symboliques à nos yeux, le bahut et l'horloge précédemment décrits, tout illuminés par un de ces lustres en cuivre, non moins originaux, qu'un Gérard Dov se fût bien gardé d'oublier dans ses consciencieux intérieurs (fig. 22).

Les meubles en ébène ou en noyer, mosaïqués (fig. 104) de clair ou de sombre, représentent donc, avec les colonnes torses, renflées ou perlées, ces dernières surtout dont les artistes modernes hollandais ont repris si heureusement la tradition, les modèles les plus typiques parmi ceux qui nous occupent. A ces caractéristiques s'ajoutent encore des formes bulbeuses spéciales; des pieds largement épanouis sous la large ceinture des sièges. Des pieds dont le départ, en haut, très large, souligne un ressaut; des pieds dont la courbe, sans exagération, évoque notre Louis XV à son heure la plus pure; des pieds assortis à des dossiers chantournés; des pieds courts, souvent en saillie, à la manière chinoise, immédiatement au-dessous du corps du meuble, et rejoignant verticalement le sol pour s'y écraser. Si l'Orient inspira ces derniers appuis à la Hollande, l'Angleterre encore ne

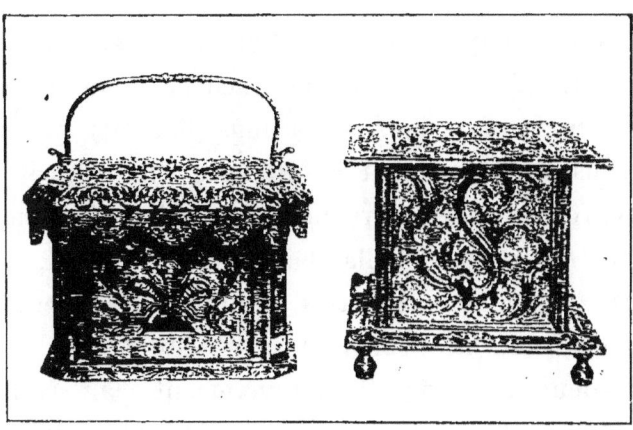

Fig. 106. CHAUFFE-PIEDS HOLLANDAIS, en chêne, deuxième moitié du XVIIe siècle, et milieu du XVIIIe siècle (Ned. Mus. V. Gesch. En Kunst. Rijksmus. Amsterdam).

les méconnut pas, mais ici les deux pays n'avaient fait que puiser à la même source commerciale où ils naviguèrent.

On se rendra compte enfin, en regardant nos gravures, du caractère d'originalité le plus frappant du style qui nous occupe, de sa beauté comme de sa grandeur la plus évidente lorsque ces vertus esthétiques se rencontrent avec notre XVIIe siècle français ou le rappellent. Et la preuve que cette expression supérieure répond le plus à un tempérament, se trouve dans l'indifférence relative avec laquelle les artistes du meuble hollandais assistèrent au renouvellement des styles français après le Grand Roi.

Nous compléterons maintenant cet aperçu.

Voici d'abord un meuble inédit, le plus souvent richement paré : la presse à linge (fig. 101), que nous avons vue également en Flandre (fig. 78), et que l'on rencontre assez fréquemment aujourd'hui encore dans les ménages hollandais : voici, à côté de manteaux de cheminées très sculptés (ces cheminées que concurrence volontiers un vaste poêle dont la lourdeur se corrige d'un revêtement clair et riant emprunté à la faïence de Delft), des secrétaires et armoires ornés de cloisonnages et de bossages en « diamant », aussi accusés qu'abondants et variés.

Voici (au XVIIIe siècle) des chaises en noyer sculpté portant sur six pieds torses à pattes d'animaux, au dossier coupé de colonnettes encadrant des médaillons ajourés. Nous insisterons sur ces pieds gras et bulbeux, sur cette décoration écrasante souvent et tumultueuse, dont les encadrements de glaces s'emparent, dont les dossiers et le siège des fauteuils et des chaises aiment tant à se surcharger, au XVIIIe siècle surtout, d'après l'exemple élégant et léger de notre style Louis XV.

Et cependant, la grande habileté et le goût hollan-

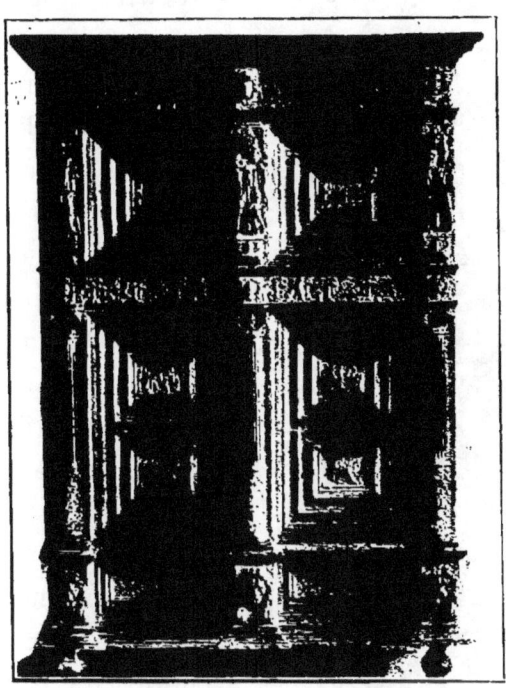

Fig. 107. Armoire hollandaise, en chêne, XVIIe siècle (Ned. Mus. V. Gesch. En Kunst. Rijksmus. Amsterdam).

dais pour le bois sculpté ont fait aussi merveille dans le luxe tempéré par la sobriété, témoin, entre autres, les orgues de la cathédrale Saint-Jean, à Bois-le-Duc, qui égalent la magnificence de celles déjà citées que

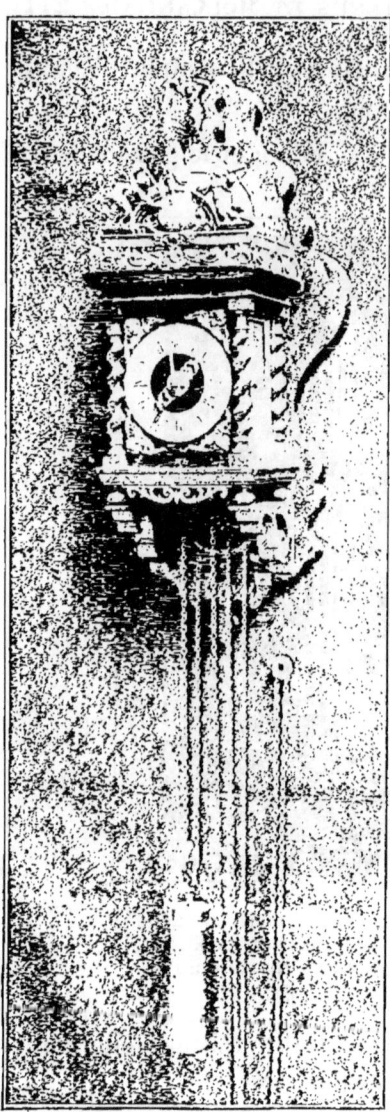

Fig. 108. PENDULE HOLLANDAISE, en noyer, par Jean Koogies, Wormerveer; fin du XVIIe siècle (Ned. Mus. V. Gesch. En Kunst. Rijksmus. Amsterdam).

Jean de Coblence et Christian Muller ouvragèrent.

Les pieds des tables, en chêne massif, coupés de larges sphères (fig. 102) et solidement encadrés à leur base, nous ramènent, en pensée, au style anglais Elisabeth, tandis qu'un motif particulier attire notre regard. C'est un important pendentif placé au milieu et au-dessous de la ceinture du siège. D'ailleurs, cette ponctuation originale s'ajoute à nombre d'autres particularités décoratives, à la curiosité générale même de la lourdeur ornementale de

LES MEUBLES FLAMANDS ET HOLLANDAIS   213

tout cet ensemble au parfum bien hollandais ou

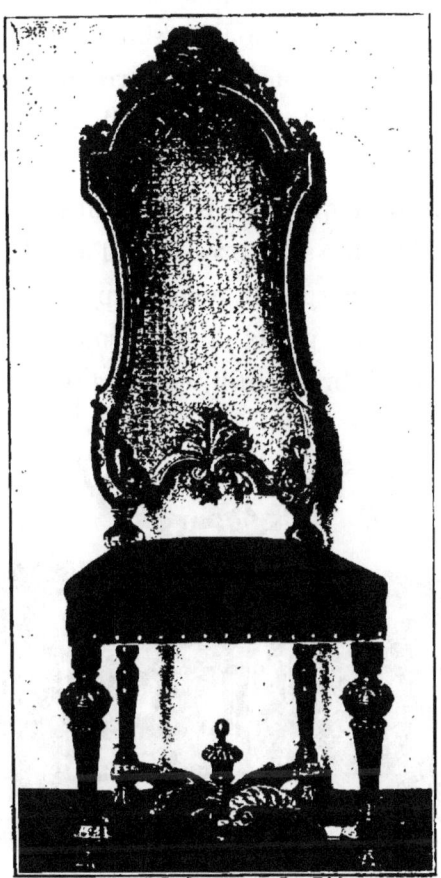

Fig. 109. Chaise hollandaise, en noyer,
fin du xviie siècle (Ned. Mus. V. Gesch.
En Kunst. Rijksmus. Amsterdam).

d'emprunt tellement nationalisé, qui constitue le faisceau d'une admiration justifiée et caractéristique.

214 LES STYLES FLAMAND ET HOLLANDAIS

Il ne nous déplaît point, enfin, de voir ce même bulbe symbolique, si frappant dans le couronnement de l'architecture hollandaise, signer aussi, souvent, ses meubles avant que l'Angleterre ne les assimile. La personnalité de la Hollande adhère à son sol, au parfum de ses fleurs merveilleuses comme à la lumière d'un Rembrandt qui dore, jusqu'à illusionner parfois sur l'ensemble de ses expressions d'art. Et les moulins des Pays-Bas sont là pour perpétuer la fantaisie immortelle de ses petits maîtres, sous son ciel d'argent, pour équilibrer, enfin, une beauté harmonieuse et piquante.

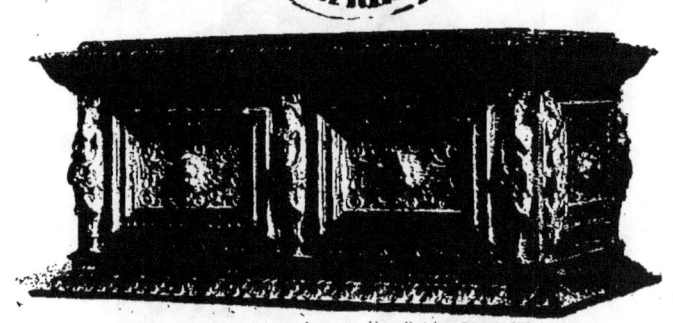

COFFRE HOLLANDAIS EN CHÊNE, première moitié du XVIIe siècle
(Ned. Mus. V. Gesch. En Kunst. Rijksmus. Amsterdam).

TABLE DES MATIÈRES

                                                                    Pages

CHAPITRE I. — Considérations générales sur l'Art en Flandre et dans les Pays-Bas 1

CHAPITRE II. — L'Architecture en Flandre et en Hollande 19

CHAPITRE III. — La Peinture et la Gravure en Flandre et en Hollande . . 63

CHAPITRE IV. — La Sculpture en Flandre et en Hollande 113

CHAPITRE V. — Les Arts appliqués en Flandre et en Hollande 139

CHAPITRE VI. — Les Meubles flamands et hollandais 171

Paris. — Imp. PAUL DUPONT (Cl.). (France.) — 62.1.1923.

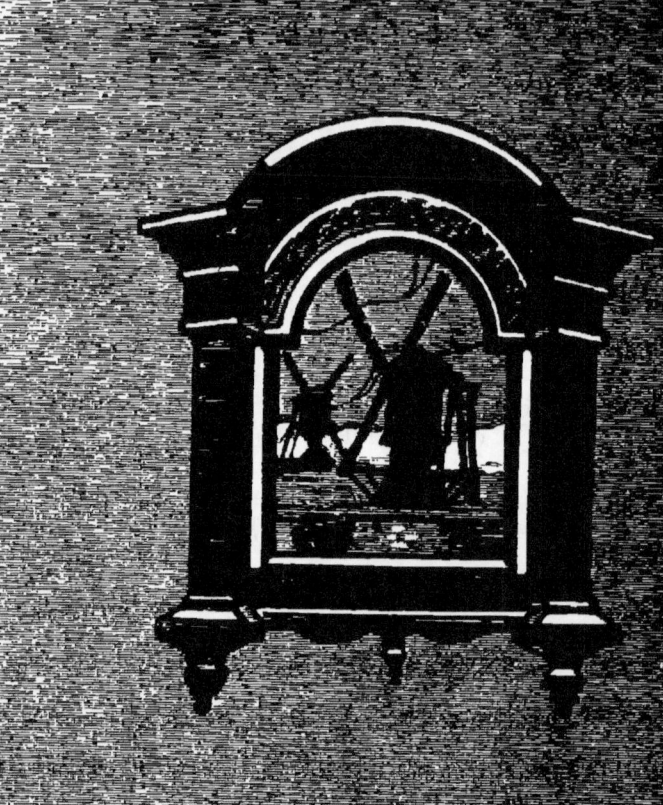

www.ingramcontent.com/pod-product-compliance
Lightning Source LLC
Chambersburg PA
CBHW050206230526
45470CB00001B/255